KB154673

한 손에 잡히는
고사성어

한 손에 잡히는 고사성어

초판 1쇄 인쇄_ 2016년 11월 28일 | 초판 1쇄 발행_ 2016년 11월 30일
엮은이_한자생활연구회 | 펴낸이_오광수 외 1인 | 펴낸곳_올댓북
디자인·편집_김창숙, 박희진 | 마케팅_김진용
주소_서울시 용산구 백범로 90길 74, 대우이안 오피스텔 103동 1005호
전화_02)2681-2832 | 팩스_02)943-0935 | 출판등록_제2016-000036호
e-mail_ jinsungok@empal.com
ISBN_978-89-94648-96-5   03190
※ 책 값은 뒤표지에 있습니다.
※ 새론북스는 도서출판 꿈과희망의 계열사입니다.
ⓒPrinted in Korea. | ※ 잘못된 책은 바꾸어 드립니다.

상황별 고사성어로 성공을 잡아라!

故事成語

한 손에 잡히는

故事成語

고사 성어

한자생활연구회 엮음

올림book

과거의 흔적, 현재의 거울, 그리고 미래의 길잡이!

고사성어는 옛 이야기에서 중심이 되는 말을 뽑은 것으로, 신화나 전설, 역사, 고전, 문화 작품 등 이야기 속에서 교훈이나 경구, 또는 비유나 상징어, 관용구나 속담 등으로 사용되어 짧은 한자성어 속에 일상 생활에서의 상태를 담아내어 표현을 풍부하게 해준다.

고사성어를 읽다 보면 옛 이야기를 알게 되고 어떤 상황에서 이야 기의 내용을 풍부하게 하면서 한 마디로 전달하게 하는 힘을 느끼게 된다. 깊은 뜻과 오묘한 진리를 길고 긴 천 마디의 설명이 아닌 짧은 한 단어로 만들어내는 언어의 힘을 고사성어가 알려주고 있다.

신문을 읽을 때 툭툭 튀어나오는 고사성어, 시험, 논술, 수능 등 다 양한 시험에서 답을 찾아내는데 결정적인 역할을 하는 고사성어, 면 접 볼 때 면접관의 질문 속에 포함되어 사람의 인성과 사고 등을 알게 하는 고사성어 등 고사성어는 우리 생활 속에 깊숙이 자리잡고 있다.

이 책에서는 단순히 고사성어를 알려주는 데서 그치는 것이 아니 라 과거에 어떻게 해서 이런 고사성어가 생겨났는지도 살펴보고 현재 우리가 살고 있는 일상생활에서 어떤 경우에 고사성어를 쓰고 있는지 일화와 함께 재미있게 알려주고 있다.

고사성어는 이렇듯 지혜로운 과거의 흔적이 담겨 있고, 우리 일상생활 속에 깊숙이 그리고 광범위하게 녹아 있기 때문에 현재의 거울 같은 역할을 하고, 고사성어를 얼마나 많이 다양하게 사용하느냐에 따라 우리 삶도 풍부해지고 학교에서의 시험이나, 국가고시, 취업 때 등 미래의 길잡이 역할을 하게 된다.

고사성어를 모르면 신문을 읽을 때 막히기도 하고 논술이나 시험 문제를 풀 때 문장이해력이 떨어지기도 하다. 그렇다고 고사성어를 영어 단어처럼 외울 필요는 없다.

옛 이야기에서 고사성어가 나왔듯이 수많은 일화를 통해 일상생활에서 어떻게 쓰이는지를 다양하게 소개하고 있다.

바쁘고 힘든 현대를 살면서 촌철살인처럼 시간을 쪼개 살고 있는 요즘 고사성어를 항상 옆에 두고 수시로 잠깐씩 보다 보면 어느새 고사성어의 달인이 되어 있을 것이다.

차례

제2부

가정의 화목과 사랑을 다지는 고사성어

제3부

자신의 삶을 올바르게 지켜주는 고사성어

제4부

삶의 지혜를
쌓게 하는
고사성어

한 손에 잡히는 고사성어

제1부

성공으로 가는 고사성어

수백 번 반복해서 외우고 쳐다보아도
늘 느낌이 새롭고 새로운 각오와 다짐을 주는
한자가 바로 성공과 관련된 한자들이다.
책상에 붙여 놓고 매일 같이 쓰고 읽어 보자.
그것은 성공을 위한 자신과의 약속이 될 것이다.

고진감래
苦盡甘來

괴로울 고 | 다할 진 | 달 감 | 올 래(내)

성공한 사람치고 고생하지 않은 사람은 한 명도 없을 것이다. 누구나 다 성공이라는 계단에 오르려면 나름대로 어려운 역경을 딛고 노력을 해야 된다. 그래서 어른들은 이런 말씀들을 하신다.

"젊었을 때 고생은 사서도 한단다."라고.

우리는 주변에서 고생 끝에 성공한 사람들의 얘기를 수시로 들으면서도 정작 자기 자신이 힘들고 어려우면 도중에 그만 두려하거나 자기 자신만 힘든 것처럼 세상 탓을 하곤 한다. 이제부터는 그런 사고는 버려야 된다.

중학교 2학년인 진희는 영어 공부를 매우 열심히 했다. 항상 영어책을 들고 다니며 영어 단어를 외웠고, 영어 CD를 들으면서 발음 교정을 했다. 하지만 학교에서 시험만 보면 열심히 노력하는

데도 점수가 잘 안 나와서 시험이 끝나면 항상 우울했다. 게다가 친구들은 잘못된 방법으로 공부해서 성적이 오르지 않는 거라고 충고하곤 했다.

진희는 친구들의 그런 시선이 싫었지만 그래도 개의치 않고 자신의 방법으로 영어 공부를 계속했다. 그렇게 멈추지 않고 꾸준히 노력했더니 이제는 외국인을 만나도 함께 대화할 수 있는 수준이 되었다.

결국 자신의 영어 실력으로 외국어 대학교에 특차로 입학하게 되었다. 이렇게 힘든 상황을 이기고 노력하면 끝내는 성공한다는 것을 '고진감래(苦盡甘來)'라고 한다.

'고진감래'의 본보기로 중국 원나라 말기와 명나라 초기 문필가인 '도종의(陶宗儀)'를 꼽는다.

그는 가난 때문에 젊은 시절 숯을 연필로, 나뭇잎을 종이 삼아 공부한 인물로 고생 끝에 즐거움이 오는 '고진감래'의 본을 보인 것이다.

  몇 년 전부터 선주는 통역사가 되기 위해 통역대학원에 다
니고 있었다. 통역사가 되기까지는 생각했던 것보다 훨씬 어
려운 길이었다. 그러나 선주는 '세상에 쉽게 이루어지는 일
은 없다.'란 생각을 가지고 자신을 채찍질하며 공부에 매진
했다.

  이런 딸의 노력이 안쓰러웠는지 엄마는 선주의 책상에 '고
진감래(苦盡甘來)'라는 한자를 써서 붙여주었다.

  이에 더욱 용기를 얻은 그녀는 잠도 줄이고 밥 먹는 시간도
아껴 가며 열심히 공부한 결과 통역대학원을 졸업할 수 있었
다. 학교를 졸업하고 통역사로서 처음 일을 시작할 때 주마
등처럼 힘들었던 학교생활이 생각나서 잠시 눈물이 고였다.
무엇이든지 어렵더라도 최선을 다하고 노력하면 나중에 좋
은 결과가 나온다는 말을 실감하는 순간이었다.

공명정대
公明正大

공평할 공 | 밝을 명 | 바를 정 | 클 대

직장에 다니는 K씨는 요즘 회사를 그만 둘까 계속 다닐까에 대해 심한 갈등을 느끼고 있다. 그의 얘기를 듣다 보면 그럴 수도 있겠다는 공감이 생긴다.

그가 다니는 회사는 직원이 100여 명인데 사장이 직원들에 대한 편애가 너무 심했다. 이를테면 영업부 김부장, 기획실 이대리, 생산부 유과장 등 6~7명에 대해서는 그야말로 자기 친척 이상으로 대해 준다. 해외여행 갈 때도 우선권을 주고, 진급할 때도 이 사람들은 늘 농기 중에 가장 먼저 진급한다.

반대로 회사 정책에 대해 이의를 제기하거나 직원 복리후생에 대한 건의를 하는 사람들은 일일이 메모를 해 두었다가 성과급을 지급하거나 진급시킬 때 불이익을 주고 있다.

그 때문에 K씨는 지난달 차장 진급에서 동료 3명은 다 진급했는데 자신만 영원한 과장으로 남게 됐다. 언젠가 사내 식당의 청결에 대해 한 번 건의를 한 적이 있는데 사장이 그것을 빌미삼아 그를 미워하게 되었다니 참으로 어이없는 일이 아닐 수 없다.

이런 이유 때문에 K씨는 차라리 밥을 굶을지언정 '공명정대(公明正大)'하지 못한 사장이 있는 회사에서 일하고 싶지 않다는 입장이다.

사실 모든 사람들이 '공명정대'하게 살아야만 비리나 사리사욕 등이 없어진다. 그러니 이 말은 우리가 살아가는데 매우 중요한 말이다.

'공명정대'란 말은 중국 청나라 때 조설근(曹雪芹)이 지은 장편소설 『홍루몽』에 나온 것으로 마음이 공평하고 사심이 없으며 밝고 크다는 뜻이다. 다시 말해 사적인 욕심을 버리고, 옳고 바른 마음을 가진다는 말이다.

누군가 아주 공정하고 떳떳하게 행동하면 우리는 그 사람을 두고 '공명정대'한 사람이라고 불러줘야 한다.

민서네 가족은 TV를 통해서 위성중계하고 있는 우리나라 국가대표 축구팀의 경기를 지켜보고 있었다. 경기는 점점 열기를 더해 가고 있었고 우리나라 선수들이 경기를 주도하고 있었다. 그런데 우리나라 선수가 상대편 선수의 공을 가로채서 공격을 하려 할 때였다. 공을 빼앗긴 선수가 우리나라 선수의 발을 심하게 걸어 넘어뜨렸다. 그 모습을 보고 민서네 가족은 전부 일어나 야유를 보내면서 심판을 유심히 지켜봤다. 반칙 모습을 보고 열심히 달려온 심판이 주머니에서 레드카드를 꺼내서 보이며 상대 선수를 퇴장시켰다. 민서네 가족은 그 모습을 보고선 다시 자리에 앉으며 이렇게 말했다.

"정말 저 심판은 '공명정대(公明正大)'한 심판이군. 저 심판에게 상을 줘야 한다니깐."

과유불급
過猶不及

지날 과 | 오히려 유 | 아닐 불 | 미칠 급

세상에는 욕심 많은 사람들이 많다. 그 정도면 됐다 싶은데도 더 챙기려고 하는 사람들이다. 청소년기에는 먹는 것 가지고 욕심을 내는 아이들도 종종 있다. 중학교 1학년 창영이가 바로 그런 아이였다.

어느 날 학교에서 돌아온 창영이는 부엌으로 달려 들어가 냉장고를 뒤지기 시작했다. 무척 배가 고팠던 것이다. 그래서 냉장고 안에 있는 많은 먹을 것들을 꺼내어 허겁지겁 먹어 치웠다. 아무 생각 없이 이것저것 손에 잡히는 대로 먹은 창영이. 그런데 이게 무슨 일인가. 너무 배가 불러서 움직이지도 못할 정도가 되고 말았다.

가까스로 움직여서 자기 방으로 들어간 창영이는 갑자기 "엄마나 죽어!" 하며 배가 아프다고 난리를 쳤다. 갑자기 너무 많은 것을 먹어서 체한 것이다.

엄마는 창영이 손을 바늘로 따주시면서 이렇게 말씀하셨다.

"뭐든지 너무 과하면 부족한 것만 못한 것이야. 그래서 옛말에 '과유불급(過猶不及)'이란 말이 있잖아. '과유불급'이 무슨 뜻인 줄 알겠어?"

그날 이후로 창영이는 아무리 배가 고파도 일정한 양을 먹고 과식하지 않는 습관이 길러졌다.

'과유불급'이란 말은 『논어(論語)』 「선진편(先進篇)」에 나오는 말로, 제자인 자공(子貢)이 스승인 공자에게 '사(師, 자장(子張))'와 '상(商, 자하(子夏))' 중 누가 어진지 물어보면서 생겨났다. 공자가 답변하길 '사(師)'는 지나치고 '상(商)'은 미치지 못한다고 했다. 그러자 자공이 "그럼 '사(師)'가 낫다는 것이군요."라고 말하자 공자는 "지나친 것은 미치지 못한 것보다 못하다."라고 말했다. 즉 공자는 너무 지나친 것이 모자란 것보다 못하다고 하면서 중용을 말하려고 한 것이다.

한때 우리나라에 조기 유학 열풍이 분 적이 있다. 물론 외국에 나가서 외국어도 익히고, 외국 문물도 익혀서 세상을 보는 시야도 넓힌다면 이보다 좋은 것은 없다. 하지만 우리나라 말도 잘 못하는 어린 아이들까지 유학을 보내 공부시키느라고 부모들이 고생이 많다. 그러나 이건 어디까지나 부모들의 욕심일 것이다. 유학을 간다고 해서 부모가 생각하고 마음먹은 대로 자라 주는 것은 아니다. 그리고 유학 간다고 꼭 훌륭한 사람이 되어 돌아오는 것도 아니다. 조기 유학을 갔던 많은 아이들이 유학 실패로 많은 상처를 받고 돌아오고 있다고 한다. 이렇듯 '과유불급(過猶不及)' 부모들의 지나친 욕심이 우리 아이들에게 깊은 상처를 주고 있는 건 아닌지 다시 한 번 생각해 봐야 할 것이다.

금상첨화
錦上添花

비단 금 | 위 상 | 더할 첨 | 꽃 화

"어? 냉장고에 빵이 있네! 언니 같이 빵 먹자."

"엄마가 사다 놓으셨나보네. 잠깐만, 언니가 우유 가져올게."

"우아~ 우유까지 먹으니깐 빵 맛이 더 좋아지는데!"

"그래, 금상첨화가 따로 없구나!"

"금상첨화? 그게 뭔데?"

동생이 물어보는데 설명은 해줘야 되겠지.

'금상첨화(錦上添花)'란 비단 위에 꽃을 더한다는 말로, 좋은 상황에서 더 좋은 것이 더해져 아주 훌륭한 상황이 된다는 뜻이다. 이를테면 이런 때도 맞는 말이다. 멋진 옷 한 벌을 아빠에게 선물받았고, 그날 마침 엄마가 모자를 사오셨는데, 옷에 모자가 너무 잘 어울릴 때, 이런 경우에도 '금상첨화'라는 말이 통한다.

'금상첨화'라는 말이 생겨난 지는 무척 오래 됐다. 송나라 때 왕안석이라는 대표시인이 있었는데 그가 운둔생활을 하면서 지은 것으로 추측되는 '칠언율시(七言律詩)'에 나오는 말이다.

강은 남원을 흘러 언덕 서쪽으로 기우는데
바람엔 맑은 빛이 있고 이슬에는 꽃의 화려함이 있네.
문 앞의 버들은 옛 사람 도령의 집이요
우물가의 오동은 전날 총지의 집이라.
좋은 모임에서 술잔을 거듭 비우려 하는데
아름다운 노래는 비단 위에 꽃을 더한다.
문득 무릉도원의 술과 안주를 즐기는 손이 되어
내 근원에 응당 붉은 노을이 적지 않으리라.

이 시의 뜻을 해석해 보면 다음과 같다.

서쪽으로 경사진 언덕을 따라 남원으로 흐르는 강물을 배로 거슬러 올라가는데 아침이라 멀리 보이는 집 앞에 있는 버드나무를 보고 도연명의 집으로 생각되었다.

도연명의 집 앞에는 버드나무 다섯 그루가 있어서 오류선생이란 별명을 가지고 있었다. 오동나무가 서 있는 곳도 세상을 피해 숨어 살던 사람의 집으로 생각했다.

그러한 사람들이 모인 곳에 초청을 받아 술을 마시고 노래까지 부른다면 술자리와 근처 풍경에 고운 노래를 더한다. 이대로 가면 무릉도원이 나타날 것이니 무릉도원을 찾아간 고기잡이가 되어 좋은 술과 안주로 극진한 대우를 받는다. 아직 시간이 있으리라.

옛날 사람들은 시도 참 멋지게 지은 것 같다. 요즘 시는 삶의 허무나 고독 그런 것들이 많은 편인데 옛날 시들을 보면 이렇게 '유유자적(悠悠自適)'하고 운치 있으며 낭만적인 시가 많다.

우리 가족들은 며칠 전에 벚꽃을 구경하러 전라북도 군산에 갔다. 아름다운 벚꽃 나무가 양 길가를 가득 메워 그야말로 꽃 천지였다. 벚꽃을 배경으로 사진도 찍었다. 벚꽃 길을 따라 한참 걸어가다 보면 꽃나무 아래 이름 없는 들꽃들이 수를 놓고 있었으니 그 얼마나 아름다운 진풍경이던지. '금상첨화(錦上添花)'가 따로 없었다. 벚꽃 여행을 다녀온 후로 나는 이런 생각을 했다. 너무 앞만 보고 달려가지 말고, 가끔은 고개를 돌려 우리 주변을 가득히 메운 배경을 찬찬히 살펴볼 필요가 있다고. 쉽게 지나쳤던 것들도 관심을 갖고 애정을 주면 아름답게 빛난다는 사실을 알게 된 것이다. 그 아름다운 배경이 더해지고 합해져 배가 된다면, 우리 사는 이 세상은 정말 아름다운 곳이 될 것 같다. '금상첨화(錦上添花)'란 따로 정해져 있는 것이 아닌 바로 우리 마음속에 있는 것은 아닐까 싶다.

금의환향
錦衣還鄉

비단 금 | 옷 의 | 돌아올 환 | 고향 향

　초나라와 한나라가 전쟁을 한참 할 때의 이야기다. 한나라의 유방(劉邦)이 먼저 진나라의 도읍인 함양을 차지하자 화가 난 초나라의 항우(項羽)가 대군을 몰고 홍문까지 진격하였다. 이때 유방은 자신의 수하에 있는 장량과 범증의 건의로 순순히 항우에게 함양을 양보했다.

　그러자 함양에 입성한 항우는 유방과는 달리 아방궁을 불태우는가 하면 궁중의 금은보화를 마구 빼앗고 궁녀들까지 욕보였으며, 시황제(始皇帝)의 묘까지 파헤치는 등 그야말로 심하게 짓밟았다. 그리고는 자기 스스로 망쳐 놓은 함양이 마음에 들지 않아 자신의 고향인 팽성(彭成)으로 도읍을 정하려 했다.

　신하들은 항우가 예로부터 패왕(覇王)의 땅이었던 함양을 버리고 보잘 것 없는 팽성으로 도읍을 옮기겠다고 하자 모두 할 말을 잃었다. 이때 간의대부 한생(韓生)이 간언했지만 항우는 오히려 화를 내면서 이렇게 말했다.

"지금 길거리에서 '부귀하여 고향에 돌아가지 못하면 비단옷을 입고 밤길을 가는 것과 무엇이 다르리!' 라는 노래가 떠돌고 있다고 하더군. 이건 바로 나를 두고 하는 말이다. 그러니 어서 길일(吉日)을 택하여 천도하도록 하라."

그래도 한생이 간언을 그치지 않자 항우는 그를 기름이 끓는 가마 속에 넣어 죽이기까지 했다.

사실 이 노래는 항우가 천하의 요새인 함양에 있는 한 유방이 승리할 수 없으므로 항우를 함양에서 내쫓기 위해 장량이 퍼뜨린 것이었다. 그렇지 않아도 함양을 싫어했던 항우는 그 노래가 하늘의 뜻이라고 여기게 하여 마침내 팽성으로 천도하게 되었다.

결국 항우는 함양을 차지한 유방에게 해하에서 크게 패함으로써 천하를 넘겨주고 만다. '금의환향'으로 자신의 공덕을 고향 사람들에게 널리 알리기는 하였지만 천하를 잃고 만 셈이다.

'금의(錦衣)'란 화려하게 수를 놓은 '비단옷'이라는 뜻이다. 옛날에는 왕이나 고급 관리들이 입던 옷으로 출세를 했다는 뜻이 담겨 있다. 따라서 '금의환향(錦衣還鄉)'은 비단옷을 입고 고향에 돌아간다는 뜻으로, 세상에 크게 이름을 떨쳐 출세하여 고향을 찾는 것을 말한다.

어느 작은 마을에 한 젊은 청년이 있었다. 그 청년은 가진 것도 없고 공부를 많이 한 것도 아니었다. 마을 사람들은 그 청년을 업신여겼고 청년은 자신의 부족함을 깨닫고 낮에는 더 열심히 일을 하고 밤에는 열심히 공부를 했다.

그러던 중 나라에서 중요한 인재를 뽑기 위한 시험이 있다는 방을 보게 됐다. 청년은 그 소식을 듣고 시험을 보기로 결심했다. 물론 마을 사람들에겐 비밀이었다. 시험에서 떨어지면 마을 사람들이 더욱 업신여길 걸 알았던 것이다.

시험을 얼마 남겨 놓지 않은 어느 날 시험을 보기 위해서 청년은 마을 사람들 모르게 이른 새벽 서울로 올라 왔다. 마을에서는 그 사실을 알지 못하고 자신들의 업신여김 때문에 청년이 마을을 떠났다고 생각했다. 시험이 끝나고 며칠 후 결과가 나왔는데 청년은 우수한 성적을 거두었고 나라의 관리로 뽑혔다.

청년은 기쁜 마음으로 자신이 살았던 마을로 돌아왔다. 마을에서는 청년이 나라의 높은 관리가 되었다는 소식을 듣고 깜짝 놀랐다. 그건 마을 사람들 모두 그 청년이 그런 자리에 올라 갈 수 없을 거라 생각했기 때문이었다. 청년이 마을 입구에 나타나사 마을 사람들이 모두 한 목소리로 이렇게 이야기했다.

"이런 것이 진정한 '금의환향(錦衣還鄉)'이다."

다다익선
多多益善
많을 다 | 많을 다 | 더할 익 | 좋을 선

동근 : 엄마, 귤 사주세요.

엄마 : 좀 전에도 먹었잖니.

동근 : 다 먹었어요. 귤에는 비타민C가 풍부해 많이 먹으면 먹을수록 좋단 말이에요.

엄마 : 아니 얘가 벌써 '다다익선'을 터득했네.

여기서 엄마가 말한 '다다익선(多多益善)'이란 말은 많으면 많을수록 좋다는 의미의 고사성어다. 일상생활에서도 자주 쓰는 말이다. 취미 활동으로 우표 수집을 하는 경우가 있다. 우표의 종류가 나라별로, 또 색상별로 많으면 많을수록 좋을 것이다. 또 한 종류의 책만 읽는 것보다 백과사전, 위인전, 소설 등 많은 종류를 많이 읽을수록 지식의 폭은 더욱 넓어질 것이다. 바로 이와 같은 것들이 '다다익선'을 실천하는 좋은 사례이다.

'다다익선(多多益善)'이란 말이 생겨난 것은 아주 오래전의 일이다. 2,000여 년 전 지금의 중국, 그러니까 당시 한나라 때였다. 한나라 고조 유방은 천하를 통일했지만 자신을 도와준 충성스런 신하 '한신'을 위험한 존재로 여겼다. 그래서 한고조는 한신이 한나라에 해가 될까 두려워 그를 가두어 두었다. 어느 날 한고조는 한신과 더불어 여러 장수의 능력에 대해 이야기하는 가운데 이렇게 물어봤다.

"과인은 몇 만의 군사를 통솔할 수 있는 장수라고 생각하시오?"

"아뢰옵기 황송하오나 한 10만쯤 거느릴 수 있다고 생각합니다."

"그렇다면 그대는?"

"네. 신은 '다다익선'이옵니다."

그러자 한고조는 웃으며 말했다.

"다다익선이라고 하는 그대가 어찌하여 10만 장수에 불과한 과인에게 붙잡혀 있는고?"

"저는 병사만 거느릴 수 있지만, 폐하는 장수 10만을 다스릴 수 있습니다. 폐하의 힘은 하늘이 내리신 것입니다."

이런 한신의 재치 있는 대답에 한고조 유방은 매우 흡족해 하였다는 이야기가 전해지고 있다.

자, 그럼 지금 이 순간부터 '고맙습니다', '미안합니다', '사랑합니다', '잘했습니다', '훌륭합니다'라는 단어를 '다다익선' 해 본다면 어떨까?

아마 이 표현들을 자주 사용하면 할수록 주위 사람들에게 인정받는 멋진 어른으로 성장할 수 있을 것이다.

내 동생은 욕심이 많은 편이다. 용돈을 받을 때도 나보다는 자신이 많이 받아야 하며 먹을 것이 있으면 자신이 더 많이 먹어야 직성이 풀리는 아이다. 때문에 가끔씩은 이런 동생이 얄밉기도 하지만 동생이기에 귀엽게 보아 넘기곤 한다. 그런데 이런 동생이 한 번은 정말 쓸 만한 욕심을 낸 적이 있었다. 학교 과제물로 우표 수집을 하게 되었는데 처음에는 집으로 온 편지나 우편물에 붙어 있는 우표를 정성스레 찾아서 모으더니 나중에는 주변사람들에게 부탁을 하기에 이르렀다. 사촌동생, 고모, 엄마, 아빠 모두에게 자신의 우표 수집에 도움이 돼 달라고 사정을 하는 것이 아닌가. 그 때문에 우표는 처음에 계획했던 100장을 한참 넘어서 무려 160장에 달했다. 그러자 엄마가 이렇게 말씀하셨다.

"동생은 정말 욕심이 많은가 봐. 우표가 넘쳐나잖니."

그러자 동생은 놀랍게도 그럴듯한 고사성어 한 마디를 던졌다.

"많으면 많을수록 좋지요. '다다익선(多多益善)'이라고 말들 하잖아요."

그 말을 듣는 순간 나는 충격을 받았다. 나도 모르고 있는 한자를 이제 초등학교 6학년인 동생이 알고 있었다는 사실에 나도 한자 공부를 좀더 해야겠다는 생각이 번뜩 찾아온 것이다.

문전성시
門前成市

문 문 | 앞 전 | 이룰 성 | 저자 시

이번 주말에 우리 가족은 외식을 하기로 했다. 아빠가 유명한 맛집을 알아보셨다면서 메뉴는 아빠에게 맡기라고 하셨다.

"아빠, 지난번에도 유명한 맛집이라고 해서 갔는데 사람들도 없고 맛도 없었잖아요."

"이번에는 틀림없어. 걱정하지 마. 아빠만 믿어!"

우리는 어쩔 수 없이 아빠 말을 따르기로 했다. 물론 큰 기대는 하지 않았다.

드디어 주말이 되어 아빠가 찾아낸 음식점에 갔다. 그런데 음식점에는 사람들이 가득하고 대기표를 받고 길게 줄지어 늘어서 있는 게 아닌가.

"자, 봤지. 이 음식점은 항상 문전성시를 이룬다니까. 저 길게

줄 서 있는 것 좀 봐. 얼마나 음식 맛이 좋으면 이렇게 사람들이
몰리겠니. 자, 우리는 미리 예약했으니까 들어가자."

"와! 아빠, 최고!"

"얘들아, 이렇게 사람들이 많이 몰리는 것을 문전성시라고 하
는데, 이런 경우 또 본 적 있니?"

"네, 지난번에 엄마가 아파서 심부름하러 약국에 갔다 왔는데,
그 약국에도 사람들이 무척 많았어요. 그게 문전성시를 이룬다는
거죠?"

그러자 엄마가 맞장구를 쳐주셨다.

"그래, 맞아. 그 약국 약사님이 항상 웃는 얼굴로 손님들에게
친절하게 대해주고 약 먹을 때 주의사항도 꼼꼼히 챙겨주니까 동

네에서 소문이 나서 항상 문전성시에요."

'문전성시(門前成市)'라는 말은 자주 들었을 것이다. 사람들은 장사하는 어떤 집에 많은 사람들이 몰려 들 때 흔히 '문전성시'를 이룬다는 말로 축하를 해주곤 한다. 한자 뜻풀이대로라면 문 앞에 시장이 들어선 것처럼 사람들로 붐빈다는 뜻이다.

본래 '문전성시'란 말은 『한서』의 「정숭전」에 나오는 말이다.

중국 한나라 애제는 20세로 즉위했지만 정치의 실권은 외척의 수중에 있고 헛된 황제의 빈 자리만 지키게 되었다. 이런 애제에게 정숭이란 충신이 있었는데 정숭은 항상 바른 말을 하며 바른 정치를 할 것을 당부했다. 그러나 애제는 점점 자포자기하게 되었고 정숭을 시기하던 간신들은 그를 모함하기 시작했다.

"정숭은 왕실의 여러 사람들과 통하고 있으며 어떤 좋지 못한 일을 꾸미고 있는 것 같습니다."

이런 말을 들은 애제는 정숭을 문책했다.

"그대의 집에는 언제나 많은 사람들이 모여 상의를 한다는데 도대체 무엇 때문인가?"

그러자 정숭이 대답했다.

"저의 집에는 시장처럼 많은 손님들이 모여들어 '문전성시'를 이루지만 저의 마음은 언제나 물과 같이 맑습니다."

그러자 애제는 정숭의 말을 믿지 않고, 감옥에 가두었고 결국 정숭은 감옥에서 억울하게 죽고 말았다.

우리 동네에는 다른 곳에서는 보기 드문 한 음식점이 있다. 그 집은 치킨집이긴 한데 여느 치킨집들과는 음식 종류나 맛이 아주 다르다.

치킨을 부위별로 판매하는데 그 부위마다 맛도 제각각이다. 어떤 것은 새콤하고 또 어떤 부위는 달콤하다. 그야말로 치킨 하나로 10여 종의 맛을 낸다. 이 때문일까. 이 집을 찾는 손님들 중에는 두세 시간 떨어진 먼 곳에서 오는 이들도 적지 않다.

우리 가족들도 그 치킨집에 종종 들르곤 하는데 갈 때마다 사람들이 줄을 지어 서 있어 20여 분씩은 기다려야 한다. 그럴 때마다 아빠는 이렇게 말씀하신다.

"어휴, 이 집은 일 년 365일 '문전성시(門前成市)'를 이루네. 돈으로 빌딩을 짓고도 남겠어."

미사여구
美辭麗句

아름다울 미 | 말 사 | 고울 여 | 구절 구

초등학교 시절부터 글짓기를 아주 잘하는 아이가 있었다. 그 아이가 주로 쓰는 글은 산문인데 글짓기 대회가 있을 때마다 교내에서는 매번 대상을 독차지했고 전국대회에 나가서도 몇 번씩이나 큰 상을 받았을 정도다.

그 애가 M중학교에 들어가자 학교에서는 대환영이었다. 글 잘쓰는 아이가 있으면 각종 대회에 나가 상을 타면서 학교 이름을 빛냈기 때문이다. 그러니 교장 선생님과 국어 선생님은 특히 좋아하셨다.

아이들은 그 여학생을 무척 부러워했다. 요즘은 글만 잘 써도 대학교에 들어가는데, 인터넷에 소설 연재하여 인기를 끌었던 한 여학생은 서울 명문대에 들어갔다. 어찌됐든 글을 잘 쓰는 M중학교 여학생의 인기는 대단했다. 게다가 공부까지 잘하니까 선생님들도 그 애를 무척이나 귀여워하였다. 그런데 어느 날인가 엄청난 사건이 발생했다. 충격을 받은 그 여학생은 수업을 받던 중 조퇴를 할 정도였으니까.

무슨 일일까?

이 여학생이 서울시에서 주최하는 중고교생 글짓기 대회에 나가서 글을 써 냈는데 어찌된 일인지 대상이나 금상은커녕 아무 상도 받지 못했다.

그리고 심사위원들이 발표한 심사평은 그 애가 충격을 받을 만한 내용이었다.

일부를 보면 이렇다.

"M중학교 이 모양의 산문 '비 내리는 교정'은 글이 매우 매끄럽게 잘 이어갔지만 흠이 두드러지게 나타난다. 한 마디로 미사여구를 너무 사용했다는 점이다. 산문이란 잔잔한 서정시 같은 느낌이 들어야 하는데 이 양의 글에서는 프로작가들도 자제하는 미사여구가, 화려한 문장들이 지나치게 많다는 것이다."

당연히 상을 받을 거라고 생각했는데 일이 이렇게 끝났으니 기대했던 선생님들의 실망은 컸고 그 여학생 자신은 자존심에 상처를 받았다.

글을 쓸 때는 연애소설이 아닌 이상 '미사여구(美辭麗句)'를 너무 많이 사용해도 좋지 않다.

'미사여구'란 아름답게 꾸민 말과 글귀를 말한다.

중국 남방계 가곡을 기본으로 하는 희곡인 명나라의 남곡(南曲)은 특히 미사여구를 많이 넣어 만들었다고 한다. 장편으로써 50막을 넘는 것이 적지 않았으며, 송나라 때 원저우와 항저우에서 공연되었던 잡극이었다니 그야 그럴 만도 하겠지만 우리가 눈으로 읽으며 가슴으로 생각을 하는 글은 너무 치장을 한 글보다는 작가의 심정이 솔직하게 담겨 있는 글이 더 가슴에 와 닿는다. 그러니 글 쓸 때는 이런 점도 조심해야 한다.

친구 중에 글을 잘 쓰는 녀석이 있었다. 얼마나 글을 잘 쓰는지 반 친구들의 연애편지는 모두 써 주는데 그 편지를 받으면 모든 여학생들이 편지에 반해서 모두 답장을 보내왔던 것이다. 하루는 그 녀석이 써 놓은 편지를 볼 수 있는 기회가 있었다.

'밤하늘을 환하게 비추는 달과 영롱한 보석 같은 별들이 하늘에서 우릴 지켜보고 있을……'

그 녀석의 편지에는 이렇듯 온통 '미사여구(美辭麗句)'로 가득차 있었다. 그 편지를 읽으면서 어찌나 닭살이 돋던지…….

차마 그 녀석에게는 말 못했지만 여자들이 반할 만 하더라.

백발백중
百發百中
일백 백 | 쏠 발 | 일백 백 | 맞힐 중

예전에는 총 대신 활이 주무기였고 남자들은 활을 잘 쏘아야만 장수로서, 무인으로서 인정을 받았다. 하지만 활을 쏘아 목표물을 맞춘다는 게 생각처럼 쉽지는 않다. 그래도 뛰어난 무인들은 쏘았다면 정확하게 목표물을 맞추었다. 심지어는 백 번을 쏘면 백 번 다 정확하게 맞추는 이들도 있었다. 그래서 생겨난 고사성어가 '백발백중(百發百中)'이란 말이다. 한자의 본 뜻은 백 번 쏘아 백 번 모두 맞힌다는 것이지만 일이나 계획한 것이 들어맞거나 하는 일마다 하나도 실패 없이 잘 될 때도 '백발백중'이라는 말을 사용하곤 한다.

'백발백중'과 비슷한 말로는 백 보 떨어진 곳에서 버드나무 잎을 맞힌다는 뜻인 '백보천양(百步穿楊)'과 무슨 일이든지 하나도 실패가 없다는 뜻의 '백무일실(百無一失)'이 있다.

'백발백중'의 의미를 이해하는데 도움이 될 뿐만 아니라 삶의 지혜까지 엿볼 수 있는 전래동화가 하나 있다.

옛날 어느 왕국에 사냥을 무척이나 좋아하는 임금이 살고 있었다. 신하들과 사냥을 나갈 때마다 이 임금은 언제나 불만 투성이었다. 다름 아닌 욕심나는 사냥감을 신하들이 자주 놓치기 때문이었다. 그 신하들도 꽤나 능숙한 솜씨를 가지고 있는데도 말이다.

그래서 임금은 솜씨가 제일 좋은 사냥꾼을 찾기로 하고 방을 붙이자 전국에서 실력 있는 포수들이 모여들었다. 몇 번의 실력을 테스트한 후에 최종적으로 선정된 사냥꾼이 있었는데 그 사람은 '백발백중'이라는 이름을 가진 어느 시골의 포수였다.

임금은 '백발백중'을 불러서 어느 정도의 실력이 있는지 알아보기 위해 사냥을 떠났다.

임금은 사냥에 실력이 있는 신하와 '백발백중'에게 똑같이 화살 10개를 주면서 사냥감이 나타나기를 기다렸는데 얼마 지나지 않아 큰 사슴 한 마리가 나타났다.

신하들은 하나같이 사슴을 잡으려는 욕심에 화살을 쏘면서 사슴을 뒤쫓기 시작했는데 '백발백중'은 화살도 뽑지 않고 어디론가 사라져 버린 게 아닌가.

잠시 후 사슴을 뒤쫓던 신하들이 하나 둘씩 나타났지만 화살통은 비어 있는데 빈손으로 돌아왔다. 실망한 임금은 '백발백중'이 궁금해졌다.

잠시 후 저쪽에서 큰 사슴을 어깨에 메고 걸어오는 사람이 있었으니 그가 바로 '백발백중'이었다.

임금은 얼른 '백발백중'의 화살 통을 살펴보았더니 9개의 화살이 그대로 남아 있는 것이었다.

신기하게 생각한 임금이 '백발백중'에게 사슴을 잡은 비결을 물어보았다. 그러자 '백발백중'은 다음과 같이 대답했다.

"제가 백발백중을 시키는 데는 두 가지 비결이 있습니다. 첫 째는 백보 안에 있는 사냥감은 틀림없이 명중시킵니다."

그러자 임금이 말했다.

"그 정도는 여기 모인 신하뿐만 아니라 나도 쏘아 맞출 수가 있다. 나머지 한 가지는 무엇이냐?"

"두 번째는 백보 안에 들어오기 전에는 절대 화살을 쏘는 법이 없습니다. 이것이 바로 제가 '백발백중'을 시킬 수 있는 유일한 기술입니다."

정말 '백발백중'다운 말이었다.

한 점쟁이가 누구든지 어떤 질문을 하든 속시원하게 밝혀 주었고 점쟁이의 예언은 '백발백중(百發百中)'이라는 말이 나올 만큼 제대로 맞아 떨어졌다. 사람들이 궁금해 하는 것을 워낙 잘 알아 맞추다 보니 전국적으로 소문이 나서 그 점쟁이 얼굴을 보려면 사전에 예약을 해도 최소 10일은 걸릴 만큼 많은 사람들이 그를 찾게 됐다.

그런데 딱 한 번 그 점쟁이의 예언이 빗나가는 일이 발생했다. 하루는 한 젊은이가 점쟁이에게 물었다.

"저희 어머니는 어디 계신지 알 수가 없네요. 좀 알려주십시오."

그러자 점쟁이는 화가 난 목소리로 '죽은 사람을 찾아서 뭐해!'라고 소리를 쳤다. 그러자 그 젊은이가 하는 말이 그야말로 충격적이었다.

"당신이 제 어머니 아닌가요? 이 호적등본을 보시지요."

알고 보니 이 점쟁이가 시집을 갔는데, 아들을 하나 낳고 신이 내려서 가출을 한 것이었다. 그리고 점쟁이가 된 이후로 가족들을 만나지 않은 거였다.

하지만 신의 부름보다도 더 강한 것이 천륜이 아닌가 싶다. 자식과 부모간의 인연은 끊을래야 끊어질 수 없는 것이니 말이다.

새옹지마
塞翁之馬

변방 새 | 늙은이 옹 | 갈 지 | 말 마

진구의 외삼촌은 지방으로 출장을 가는 일이 잦았다. 지방 출장을 갈 때면 거의 대부분 직접 차를 운전했는데 운전 습관이 좋지 않은 편이었다. 안전벨트를 매지 않는 것은 기본이고 과속은 다반사였다. 진구는 삼촌과 친해서 가끔 삼촌의 차를 탈 일이 있었는데, 어찌나 차가 빠르고 껴들기를 많이 하는지 멀미가 날 지경이었다.

"삼촌, 운전 좀 부드럽게 하세요."

진구가 말하면 외삼촌은 별 것 아니라는 듯 웃어 넘겼다.

"삼촌 정도면 모범운전자야. 지금까지 사고 한 번도 내지 않았잖아."

방학이 되어 진구가 삼촌의 차를 타고 외갓집에 놀러 가는 길이었다. 그날도 외삼촌의 운전은 여전했다. 이리 껴들고 저리 껴들고, 속도계 눈금은 오르락내리락 했다.

앞에 경사가 꽤 있는 오르막길이 시작될 때였다. 갑자기 '펑' 소리와 함께 차가 비틀거렸다.

삼촌은 투덜거렸다.

"아이 참. 타이어에 펑크가 났네. 운이 없으려니까……."

삼촌은 오르막길을 지나 차를 세우고 타이어를 갈아 끼울 생각이었다. 오르막길 정상에 올랐는데 멀지 않은 곳에 앞서 가던 차들이 교통경찰에게 붙잡혀 있었다. 경찰 한 명은 계속해서 양팔을 흔들며 과속으로 언덕을 넘어오는 차들을 세우고 있었다. 삼촌은 안도의 한숨을 내쉬었다.

"한동안 꼼짝없이 운전 못 할 뻔했다."

삼촌은 과속으로 벌점이 쌓여 한 번 더 단속되면 면허가 정지될 처지였는데, 펑크 난 타이어 덕분에 과속을 하지 못해 삼촌을 구해준 것이다. 삼촌은 경찰의 단속을 지나 차를 세우고 타이어를 바꾸자고 했다. 경찰 앞을 지날 때였는데 경찰관이 삼촌의 차를 세웠다.

"안전벨트 안 매셨네요."

삼촌의 얼굴이 일순간 굳어졌다. 과속 단속을 면한 데 안도하다가 안전벨트 매는 것까지는 생각하지 못 한 것이다. 그런데 경찰관은 말로만 훈계했다.

"다음부터는 벨트 꼭 하세요."

그리고 삼촌의 차를 갓길에 대고 타이어를 갈아 끼우도록 했다. 경찰이 막아서고 있으니 뒤에서 오는 차에 신경 쓰지 않고 안전하게 작업할 수 있었다.

인간만사가 '새옹지마(塞翁之馬)'라고 하더니 그날 삼촌은 운이 좋은 편이었다.

'새옹지마가 뭐냐고?'

고사성어를 그대로 풀이하면 '변방 노인의 말'이라는 뜻이다. 옛날 국경지대에 살고 있는 노인이 말을 한 마리 가지고 있었는데, 그 말이 달아나 버렸다. 그런데 그 말이 말을 한 마리 더 데려왔고, 새로 얻은 말은 원래 있던 말보다 더 쓸모가 있어 보였다.

노인의 아들은 새로 얻은 말을 타다가 떨어져 다리가 부러졌고, 안타깝게도 이후 한쪽 다리를 못 쓰게 되었다. 하지만 그 때문에 아들은 군대에 가는 것을 면할 수 있었다. 그때 군대에 끌려간 다른 집 청년들은 모두 죽음을 면치 못했다는 것이다.

이렇게 '새옹지마'는 좋지 않다고 생각한 일이 좋은 결과를 가져오는 '전화위복(轉禍爲福)'의 계기일 수도 있고, '호사다마(好事多魔)'라는 말처럼 좋은 일에 나쁜 일이 껴들 수도 있다. 그것이 사람 사는 이치라니 당장 어려운 일이 있어도 희망을 잃지 말아야하겠다.

  창호의 성적은 상위권 대학교에 가기에는 부족한 듯하고, 중위권 대학교에 가기에는 높은 편이었다. 부모님은 중위권 대학교에 진학하기를 권유했다.

"재수는 생각보다 어려운 길이다. 중위권 학교에만 들어가도 우리는 만족한다."

  그러나 창호는 떨어질 때 떨어지더라도 상위권 학교에 도전해 보고 싶었다. 결국 창호는 미역국을 먹고 말았다.

  이미 오래 전부터 재수는 하지 않겠다고 다짐해 온 창호였다. 창호는 자동차 정비 기술을 배웠다. 그러다 보니 적성이 맞아 관련 대학까지 진학하게 되었다.

  창호가 학교를 졸업할 무렵 경기가 무척 나빠졌다. 창호가 원래 지원했던 상위권 학교의 학생들은 취업에 대한 고민으로 땅이 꺼지게 한숨을 쉬었다. 그러나 미래를 차근차근 준비해 온 창호는 자신이 있었다. 과감히 대기업에 원서를 냈다. 하지만 창호는 보기 좋게 미끄러지고 말았다.

  창호는 다른 대기업에 원서를 쓰고 당당히 합격의 기쁨을 누렸다. 얼마 후 처음 지원했던 회사는 부도가 나고 말았다. 그야말로 '새옹지마(塞翁之馬)'였다.

시기상조
時機尚早

때 시 | 기회 기 | 오히려 상 | 이를 조

중학교 2학년인 정준이는 요즘 갈등에 빠졌다. 자신의 생각과 부모님의 생각이 서로 맞지 않기 때문이다. 얼마 전 부모님들과 깊은 대화를 나누었다. 사실 정준이는 지난 학기부터 계획했던 일이 있었는데 그것은 다름 아닌 유학이었다.

초등학교 때부터 컴퓨터와 영어를 특히 좋아했던 정준이의 꿈은 영국에 유학을 가서 컴퓨터 관련 분야의 박사 학위를 받아오는 거였다. 마침 영국에 이민 가 있는 외삼촌이 있어서 고등학교를 졸업하면 유학을 갈 생각이었다. 이런 생각은 부모님들께서도 좋은 생각이라고 인정을 해주셨다. 하지만 문제는 정준이는 본래 계획보다도 4년 앞당겨 유학을 가겠다는 생각을 한 것이다.

지난 해 중학교에 입학하자마자 같은 반 친구들 중 두 명이 미

국으로 유학을 떠났고 올 들어서는 친하게 지내던 단짝인 봉수마
저도 중국으로 유학을 갔다. 그러니 당초 계획이 흔들리기 시작
한 것이다. 친구들처럼 자기도 좀더 일찍 유학을 떠나 새로운 세
계에서 공부하고 싶은 생각을 하게 되었다. 그러나 엄마 아빠는
절대 반대한다는 뜻을 밝히신 것이다.

"너의 생각이 아주 잘못된 것은 아니란다. 하지만 엄마, 아빠는
중학교 때 유학가는 건 반대다. 우리나라에서 어느 정도 교육을
받고 가야 된다고 생각해."

아빠는 진지하게 반대를 하셨다. 엄마도 마찬가지였다.

"아무리 외삼촌이 있다고 해도 그 먼 땅에 너 혼자 보내고서 엄
마가 잠이 올 것 같니. 안 돼. 몇 년 더 기다렸다가 고등학교를 마
치고 가는 게 좋지 않겠니?"

엄마, 아빠 모두 반대 입장이었다. 하지만 유학을 가서 잘 생활
하고 있다는 친구들의 메일을 받은 정준이로서는 엄마 아빠의 걱
정이 곧 자신에 대한 신뢰 부족처럼 여겨져서 속상하였다. 그래
서 다시 말씀 드렸다.

"엄마 아빠 걱정처럼 제가 나쁜 친구들과 어울리거나 하는 일
은 없을 거예요. 그러니 허락해 주시면 좋겠어요."

그야말로 사정하는 투로 간곡히 말씀을 드렸다. 하지만 아빠의
목소리는 오히려 커지면서 보다 완강하게 거부하셨다.

"안 된다면 안 되는 줄 알아라. 너에게 해외 유학은 아직 시기

상조란 말이야. 너는 네가 제법 어른스러워졌다고 생각하겠지만 아빠가 보기에는 아직 어린 소년일 뿐이야. 그러니 고등학교 마치고 떠나거라."

그날 밤 정준이는 잠을 한숨도 못 이룰 정도로 속이 상하고 부모님이 원망스러웠다. 아직도 마음이 편해진 건 아니다. 기회를 보아서 다시 한 번 부모님께 의논을 드릴까, 아니면 일단 유학에 대한 생각은 하지 말고 공부에만 전념할까 갈등을 하고 있는 중이다. 아, 참! '시기상조'라는 말이 무엇인지 이해가 안 될 수도 있겠다. '시기상조(時機尙早)'란 어떤 일을 하기에는 아직 시기가 이르다는 말이다. 우리는 살아가면서 자신에게 주어지는 기회를 잘 잡아 제대로 활용해야만 성공도 한결 빠르다. 그런데 문제는 너무 빠르게 기회를 잡으려고 한다면 그것은 성공이 아닌 실패를 불러 올 수도 있다. 모든 것은 때를 잘 맞추어야 하는 법이다. '시기적절하다.'는 것. 이를테면 시기가 제대로 맞아 떨어진다는 것이다.

어찌됐든 정준이 부모님이 생각하시기에 지금 중학교 2학년인 정준이가 해외유학을 가는 것은 '시기상조'이며 고등학교 졸업하고 떠나는 게 '시기적절' 하다고 생각한 것이다.

  우리 아빠는 섬유제조업체를 운영하시는데 주5일 근무제 때문에 고민이 많다. 초기에는 대기업, 외국기업, 그리고 조금 유명한 기업들이 시작하더니 이제는 중소기업들도 주5일 근무를 하고 있는데 아빠 같은 경우에는 목표 생산량을 달성해야 하기 때문에 주5일 근무제를 하지 않고 있다.

  처음에는 종업원 100인 이상인 공장은 2007년부터 주5일 근무제를 실시하게 되어 있었지만 지금은 대부분의 기업들이 주5일 근무제를 시행하고 있다.

  그러다 보니 아빠 회사 직원들도 주5일 근무를 실시하길 원하는 눈치란다. 아빠는 매월 목표하는 생산량을 이상 없이 달성할 수 있다면 주5일 근무를 실시하여 직원들이 좀더 휴식을 취하게 하고 싶은 마음이지만 문제는 힘든 일을 기피하는 사회풍조 때문에 늘 공장 직원이 모자라서 가까스로 생산량을 달성하는 상황이란다.

  요즘은 심지어 주4일 근무제(하루 10시간씩 주 4일 근무)를 실시하는 기업들도 나온다고 한다. 회사 특성상 이렇게 탄력적으로 운영해도 되는 기업도 생겨나고 있으니 아빠는 고민이 많으신 것같다. 주5일 근무제도 고민인데 주4일 근무제는 아직 '시기상조(時機尙早)'인 듯싶다고 하신다. 인력난이 해결된 후에야 주5일 근무, 주4일 근무도 그만한 타당성이 있다는 것이다.

시종일관
始終一貫

비로소 시 | 끝날 종 | 하나 일 | 꿸 관

친구 사이의 우정이란 참으로 소중하다. 언제든지 변치 않는 우정을 유지한다는 것은 더욱더 소중하다. 그런데 사춘기 나이 때는 친구들과 말다툼 한 번으로 사이가 멀어지는 일도 많다. 어제까지는 둘도 없는 친구였는데 갑작스럽게 벌어진 어떤 일로 인해 서로 말다툼을 하고 난 후부터는 모르는 사람들처럼 외면하곤 한다. 사실 시간이 흘러 돌이켜보면 크게 다툴 일도 아니었고 오랫동안 말도 않고 지낼 일이 아니었는데도 사춘기 때는 감성이 예민한 시기여서인지 한 번 다투고 나면 화해하기가 쉽지 않다. 때문에 친구들과는 가능한 한 서로 감정 상하지 않게 좋은 말과 행동으로 우정을 유지하는 게 좋은 것 같다.

특히 감성이 풍부하고 예민한 여학생들은 사춘기 때 사소한 일로 인해 친구와 멀어지는 경우가 종종 생긴다. 한 번 다투고 나면 마음의 상처가 오래 가고 특히 친한 사이일수록 그런 일은 더 심하게 나타나곤 한다.

어느 날 TV 방송에서 50이 다 된 한 아주머니가 나와서 여고시절 친구를 찾다가 펑펑 우는 장면이 나왔다.

사실 그 아주머니는 학창시절 집안이 가난해서 무척 힘들게 살았는데 재희라는 친구가 늘 곁에서 마음적으로 물질적으로 도와주곤 했다. 도시락도 두 개 싸가지고 와서 하나씩 나눠 먹기도 하고 학교에서나 방과 후나 둘은 늘 단짝 친구였고, 세상에 둘도 없는 친구사이였다. 그런데 어느 날 재희라는 친구에게 남자 친구가 생겼는데 친구였던 이 아주머니는 마음에도 없는 말로 재희의 감정을 건드렸다.

"친구보다 남자가 그렇게 좋니? 학생이 연애질이나 하구 말이야."

친구의 이런 말을 들은 재희는 너무 화가 나서 "나쁜 계집애, 넌 친구도 아니야."라고 말했고 두 사람은 그후 사이가 벌어지고 남처럼 지내게 되었다.

졸업하고 각자의 길을 걸었으니 연락은 더더욱 할 수 없었다. 이제 나이가 들고 보니 친구가 그리워졌다. 가난했던 시절 아무런 대가 없이 헌신적으로 자신을 도와 준 그 친구가 너무도 보고 싶고 자신의 말실수로 인해 헤어지게 된 것에 대한 미안함이 갈

수록 커졌다. 그런데 방송을 통해 재희라는 친구가 병으로 인해 몇 년 전 세상을 떠났다는 것을 알게 된 것이다.

그래서 사람들이 자주 하는 "있을 때 잘해!"라는 말이 괜한 말은 아닌 것 같다.

학창시절 친구란 그때가 지나면 다시 사귀기 힘들다. 졸업을 하면 각자 다른 학교를 가게 되고 또 나이가 들면 결혼하고 사회생활하고 그렇게 되니까.

우정이 변치 않으려면 이 고사성어를 명심하고 지켜야 된다. '시종일관(始終一貫)'이란 처음과 끝을 한 번에 뚫는다는 뜻으로 초심을 잃지 않고 처음부터 끝까지 변함없는 것을 의미한다.

하지만 이와는 달리 그때그때 잘 변하는 사람들도 있다. 조금은 변덕스럽거나 그때그때 상황에 맞게 변신을 잘하는 사람들이다. '변화무쌍(變化無雙)'이란 바로 이런 사람들에게 맞는 말이다. 물론 긴박한 상황에서 변화무쌍한 것은 좋지만, 친구사이나 인간관계에서 변화무쌍한 것은 그다지 바람직하지 않다.

가난한 집안에 동수라는 학생이 있었다. 동수는 아주 어렸을 때부터 꿈을 가지고 있었는데 바로 판사가 되는 것이었다. 판사가 되길 꿈꾸던 동수는 어려운 환경 속에서도 꿋꿋하게 열심히 공부를 했다. 열심히 공부한 보람이 있었을까? 결국 자신이 원하던 법학과에 진학을 하게 되었고, 어려운 환경에도 굴하지 않고 열심히 공부한 결과 사법고시에도 합격했다. 동수가 그렇게 꿈꾸고 원했던 판사가 된 것이었다. 그런 동수를 지켜보던 마을 사람들은 하나같이 이렇게 말했다.

"동수는 '시종일관(始終一貫)' 꿈을 좇아서 열심히 공부하더니 드디어 판사가 되었네. 이건 우리 마을의 경사야!"

약육강식
弱肉强食

약할 약 | 고기 육 | 강할 강 | 먹을 식

어느 들판에 메뚜기와 개구리들이 살고 있었다. 메뚜기는 시간이 지나도 몸집이 커지지 않는데 개구리는 날이 갈수록 살이 찌고, 커지면서 포악해지기 시작했다. 그러던 중 하늘에서는 비가 내리지 않아 들판의 풀들이 말라 가고 들판 옆으로 흐르던 개울물마저도 말라 갔다. 메뚜기들도 개구리들도 먹을 것이 없어 배가 고프기는 마찬가지였다.

시간이 지나면서 이상한 일이 발생했다. 메뚜기들이 자꾸 줄어드는 것이다. 알고 봤더니 개구리들이 메뚜기를 잡아먹기 시작한 것이다. 사실 먹을 것이 많던 때에는 개구리들이 메뚜기를 잡아먹지 않았다. 그러나 먹을 것이 부족해지자 자기들보다 힘 약한 메뚜기들을 식량으로 삼았다. 결국 메뚜기는 단 한 마리도 남지

않고 개구리들만 남게 됐다. 그런데 문제는 이 미련하고 포악한 개구리들이 여전히 먹을 것이 부족하자 이제는 큰 녀석들이 힘 약한 녀석들을 잡아먹기 시작한 것이다.

먹을 것이 없다면 어떻게 해서든 살아남는 방법을 찾아 볼 생각 은 하지 않고 눈앞에 있는 자기보다 약한 존재들을 먹어 치웠다. 그러다 보니 결국 개구리들도 포악하고 힘 센 수컷 몇 놈만 남게 되었다.

마침 그때 하늘에서는 비가 내리고 풀이 다시 자라기 시작했 다. 하지만 개구리들은 슬펐다.

먹을 것이 다시 생기기 시작했지만 친구들이 사라지고 자신들과 함께 살아야 할 암컷들이 단 한 마리도 없으니까. 어디 그뿐인가.

이리저리 뛰어 놀며 친구처럼 지냈던 메뚜기들도 단 한 마리 없으니 들판은 삭막하기 그지없었다.

어찌되었든 그 들판의 개구리들은 참으로 바보 같은 녀석들이었다.

이 무식하고 포악한 개구리들이 메뚜기들과 힘 약한 개구리들을 잡아먹은 것을 한자 고사성어로 말하면 '약육강식(弱肉强食)'이라고 한다. '약육강식'이란 강한 자가 이기고, 약한 자는 희생이 된다는 뜻이다.

우리가 살아가는 세상은 늘 치열한 경쟁이 일어나고 있다.

서로에게 발전의 계기가 되어 주고, 힘을 주는 아름다운 경쟁은 필요하다. 하지만 무조건 힘이 강한 자가 약한 자를 누르고 지배하거나 희생시키는 것은 아름답지 못한 일이다. 사실 강한 자는 약한 자를 도와서 함께 잘 사는 세상을 만들어야 한다.

공부나 스포츠 등에서는 아름다운 경쟁을 펼칠 수도 있다. 하지만 선의의 경쟁이 아닌 힘에 의한 일방적인 지배나 전쟁이라면 그것은 절대 해서는 안 될 일이다. 우리가 살아가는 세상은 모든 사람들이 서로 돕고 이해하고 사랑하면서 더불어 살아가야 아름다워지기 때문이다.

지구촌은 오늘도 전쟁이 끊이질 않고 있다.

전쟁은 보통 어느 한쪽이 다른 한쪽을 지배하려는 욕망에서 비롯된다. 그 단적인 예가 A와 C다.

A와 C는 수많은 군인들이 전쟁으로 죽어가고 있는데도 불구하고 벌써 2년 째 전쟁을 멈추지 않고 있다.

이처럼 국력이 강한 A가 인구도 적고, 경제력도 약한 C를 상대로 전쟁을 하는 것은 '약육강식(弱肉强食)'이 아니고 무엇이겠는가?

완전무결
完全無缺

완전할 완 | 온전할 전 | 없을 무 | 이지러질 결

사람들은 부지런한 사람도 있고, 게으른 사람도 있다. 또 어떤 일을 함에 있어서 대충대충 빨리만 하는 사람이 있는가 하면 빈틈없이 일을 처리해 나무랄 데가 없는 사람들도 있다. 이렇듯 사람들은 각자의 성향이나 습관, 능력 등에 따라 같은 일을 하더라도 그 결과는 제각각 서로 다르게 나타난다.

밖에 나가서 놀려는 생각에 집에서 청소를 대충했다거나 시간이 부족해서 학교 과제물을 흉내만 내는 정도로 하는 아이들도 있다. 어렸을 때야 부모님이나 선생님께 꾸지람을 듣는 정도에서 끝나지만 어른이 되어 사회에 나가면 결코 그렇지 않다.

이를테면 회사에 들어가 직원으로서 일을 처리하는데 대충대충 했다고 치자.

이런 경우 십중팔구는 상사로부터 "다시 한 번 이런 식으로 일 처리 했다가는 사표 쓸 각오를 하시오."라는 말을 듣게 된다. 학교나 가정보다 더 엄격하고 철저한 곳은 바로 사회다. 성인이 되어 활동하게 되는 공간, 즉 회사나 사람들이 한데 모여 활동하는 모든 공간을 우리는 사회라고 한다.

그렇다면 어렸을 때부터 무엇이든 자기에게 주어진 일은 빈틈없이 완벽하게 하는 습관을 갖는 게 좋다. 어떤 일을 함에 있어서 충분하게 구비하여 결점이나 부족한 것이 없다는 것을 말할 때 사람들은 '완전무결(完全無缺)'이라는 용어를 쓴다.

'완전무결'이란 말은 당나라 이연수라는 사람이 지은 『남사』라는 역사책에 나오는 말인데, 남사는 총 80권으로 송나라 때부터 진나라 때까지의 170년 동안의 기록이다. 길고 긴 역사를 얼마나 꼼꼼하고 상세하게 기록을 했으면 완전무결이라는 말이 나왔는지 짐작이 가지 않는다.

'완전무결'과 같은 뜻으로 쓰이는 말로 '금구무결(金甌無缺)'이라는 한자도 있다. 흠집이 전혀 없는 황금단지라는 뜻으로, 외침을 받은 적이 없는 당당한 국가를 비유할 때 사용한다.

이럴 때

한 사람이 억울하게 살인죄로 감옥에 가게 되었다. 그러나 그는 감옥에 갇혀 있으면서도 자신의 결백을 계속 주장했다. 그의 결백을 믿었던 주위 친구들은 그를 도와야겠다고 생각하여 자신들이 도와줄 수 있는 방법을 찾기 시작했다. 친구들은 그를 위해 새로운 변호사를 선임하기도 하고 당시 증거들을 모으기 시작했다. 이런 친구들의 노력으로 다시 재판을 받게 되었는데, 시간이 많이 지난 사건이라 재판은 지루하게 오랫동안 계속 되어야만 했다. 그러나 친구들이 선임한 변호사는 명석한 사람이었기에 수집된 여러 증거들을 면밀히 검토하여 재판기간 동안 그의 무죄를 증명하기 위해서 열심이었다. 변호사는 수집된 증거들로 '완전무결(完全無缺)'한 변론을 준비, 재판에서 승리할 수 있었다. 이 재판은 한동안 사람들의 입에 오르내리면서 많은 사람들의 관심을 받았다. 그후 이 재판을 두고 사람들은 준비된 완전무결한 변론의 승리라고 말했다.

조령모개
朝令暮改

아침 조 | 법 령 | 저물 모 | 고칠 개

아침에 말한 것과 저녁에 한 말이 다른 사람들이 있다. 이를테면 일관성 없이 그때그때 자기 유리한 대로 말하는 사람들인데, 이런 사람들은 주변 사람들로부터 신뢰를 얻지 못하게 된다.

중국 전한(前漢)시대 문제(文帝) 때의 일이다. 오랑캐인 흉노가 자주 변방을 침략하여 약탈하는 일이 잦아지다 보니 농민들 중에는 농사를 지으면서 동시에 국경 수비도 하는 사람이 많아졌다.

이 시대는 변방에서 수확하는 곡식만으로 국민들의 먹거리를 충당하기에는 역부족이었다. 그래서 백성들에게 곡식을 받는 사람들과 그 곡식을 변방까지 수송할 사람들을 모집하여 벼슬을 주기로 하였다. 그 벼슬의 지위는 대서장(大庶長)까지였는데 이 조치는 많은 문제점을 낳았다. 이에 문제와 경제 때의 어사대부였던 조착(晁錯)은 이 같은 상소문을 올렸다. 그 내용을 보면 지금과는 너무 다른 시대상을 느낄 수 있다.

지금 다섯 가족의 농가에서는 부역이 과중하여, 노역에 복종하는 사람이 두 사람을 내려가지 않는다. 따라서 경작하여 수확하는 것은 백 묘(畝)가 고작인데, 이 백 묘는 많아야 백 석에 지나지 않는다. 봄에 경작하고 여름철에 풀 뽑고, 가을에 수확하여 겨울에 저장하는 외에, 관청을 수리하고 부역에 불려 나가는 등 춘하추동 쉴 날이 없다. 또 개인적으로는 사람들을 보내고 맞이하며, 죽은 자를 조문하고 고아들을 받고, 어린이를 기른다. 또한 홍수와 한발의 재해를 당하는 것 외에 갑자기 세금이나 부역을 당한다. 이것은 일정한 때도 정해져 있지 않아, 아침에 영을 내리고 저녁에 고친다[朝令暮改]. 전답이 있는 사람은 반값으로 팔고, 없는 사람은 빚을 내어 10할의 이자를 낸다. 이리하여 농지나 집을 팔고, 아들과 손자를 팔아 부채를 갚는 자가 나오게 된다.

'조령모개(朝令暮改)'라는 말이 여기서 생겨났는데, 아침에 내린 명령을 저녁에 바꾼다는 뜻으로 명령을 자주 뒤바꾼다는 뜻이다. 이럴 경우 법령에 일관성이 없어지므로 법을 만드는 사람들은 깊이 생각해야 할 일이다.

'조령모개(朝令暮改)'란 말을 가장 접하기 쉬운 곳은 신문의 사설기사다. 예전에 나왔던 기사 중에 '요즘 대학 입시 시험을 준비하는 학생들이 정부의 조령모개식의 입시 제도를 비판하기 위해서 촛불 시위를 준비했다.'라는 기사가 신문에 나왔던 적이 있다.

교육은 백년지대계란 말이 있듯이 입시제도란 시시각각 변해서는 안 되는 것이다. 공부하는 학생들로 하여금 갈피를 못잡게 하고 정부 교육정책을 펴는 사람들이 정책의 일관성이 없음을 시인하는 일이기 때문이다.

이렇듯 정부가 정책이나 법령을 정하고 추진함에 있어서 일관성 없게 잦은 정책이나 법령의 변경은 많은 이들로부터 비난 받기 마련이다. 이런 경우를 가리켜 '조령모개(朝令暮改)'라고 한다.

지피지기
知彼知己

알 지 | 너, 상대편 피 | 알 지 | 나, 자신 기

 학창시절의 추억들은 나이가 들어서 되새겨 봐도 늘 즐겁다. 참으로 잊지 못한 선생님이 한 분 계셨다. 중학교 때, 일주일 후면 학교 봄 체육대회가 열릴 예정이었다. 그런데 선생님이 승부욕에 매우 강한 분이다 보니 모든 게임에서 우승하길 원하셨는데 학생들에게는 쉬운 일이 아니었다.

 체육대회에서 우리가 참여한 종목은 발야구, 농구, 계주, 씨름, 줄다리기 이렇게 5개 종목인데 벌써 농구하고 씨름은 예선전에서 졌기 때문에 남은 세 3종목이고 이걸 다 이겨야만 2학년 중에서 우승을 할 수 있다. 선생님은 우리 반이 2학년 전체에서 성적이 가장 우수하기 때문에 늘 자랑스럽게 생각하시는데 체육에서도 최고이길 바라셨다. 물론 우리들도 우승을 원하지만 10개 반 중

에서 1등을 한다는 게 생각처럼 쉬운 일이 아니었다.

선생님은 걱정스러우셨는지 우리 반 전체를 운동장으로 데리고 나가더니 경기마다 일일이 우승전략을 코치하였다. 줄다리기할 때는 일단 앞쪽에 힘센 사람들이 서서 시작과 동시에 힘껏 잡아 당겨 승부를 내야 하며, 씨름을 할 때는 힘보다는 상대를 적절히 유인하는 꾀를 부려야 한다는 뭐 그런 식이었다. 그러고는 이렇게 말했다.

"여러분들은 '지피지기(知彼知己)'면 '백전백승(百戰百勝)'이라는 말을 아십니까? '지피지기'란 말은 『손자병법』의 '모공편'에 나오는 말로 적의 속사정과 형편을 자세히 아는 것을 뜻하는 말이

지요. 경기든 전투든 상대와 싸워 이기기 위해서는 적을 알고 나를 알아야만 합니다. 상대를 알기 위해서는 상대편 선수들의 전략을 알아야겠지요. 이 점을 명심하면 이번 체육대회를 우승으로 이끌 수 있습니다."

그러자 우리반 아이들 모두는 선생님의 말씀에 큰 박수를 쳤다.

물론 우리반은 선생님께서 말씀하신 '지피지기' 전략을 잘 활용하여 남은 3경기에서 모두 이겼다.

학교 동창 녀석이 어느 날 취업이 되었다며 한 턱 쏘겠다고 전화가 왔다. 요즘같이 취업하기 힘든 때에 취업을 하다니 대견했다. 함께 식사를 하면서 그 녀석에게 취업 노하우를 물어 보았다. 그러자 녀석이 얼굴에 미소를 띄우며 이렇게 말했다.

"목표로 하는 회사나 지원하려는 회사에 대해 모든 걸 조사하는 거야. 세세한 것 하나까지. 그러고 나서 그 회사에 대해 연구를 하는 거야. 그런 후 준비가 끝났다고 생각되면 내 실력이 어느 정도인지 확인해 보고 지원을 하는 거야. 그럼 100% 합격할 수 있어. 이것이 바로 '지피지기(知彼知己)'란 거야."

천재일우
千載一遇

일천 천 | 실을 재 | 한 일 | 만날 우

우리 반은 학기 초에 선생님과 함께 1년 동안 봉사활동을 해보기로 했다.

선생님이 이런 의견을 말씀하셨을 때 우리 반 친구들은 모두 시큰둥했다. 학교 공부에 방과후에는 학원까지 다녀야 하기 때문에 봉사활동을 한다는 것은 엄두도 낼 수 없을 뿐만 아니라 시간을 빼앗긴다는 생각에 모두 부정적이었다.

"봉사활동요? 그것도 1년 동안이나요?"

"안 돼요, 선생님. 저희가 시간이 어디 있나요? 잠 잘 시간도 부족한대요……."

"방과후에 학원도 가야 되고 집에 가면 한밤중인데 어떻게 봉사활동을 하나요……."

여기저기서 항의도 하고 투덜대는 소리에 소란스러웠다.

하지만 선생님은 아이들이 잠잠해지길 기다리시더니 차분하게 말씀하셨다.

"음. 너희들 얘기 무슨 뜻인지 잘 알겠다. 그럼 이렇게 하면 어떨까. 일단 1주일에 한 번씩 서로 의견을 얘기하고 토론을 해서 1달 후에 다시 생각을 모아보자."

1주일에 한 번 회의하는 것은 어렵지 않겠다는 생각들인지 모두 동의하고 선생님 말씀대로 1주일에 한 번 회의시간을 가지기로 하고 그렇게 한 달이 흘렀다.

처음에는 절대 안 될 것 같고 불가능할 거라고 생각했던 것들이 막상 이야기를 나눠보다 보니 봉사활동에 많은 시간을 빼앗기지 않아도 가능하다는 생각이 들었다.

여러번의 토론을 하고 나서 우리가 할 수 있는 봉사활동을 찾았는데 바로 학교 근처에 있는 홀로 사시는 할머니, 할아버지들에게 말벗이 되어주는 일을 하기로 했다.

1주일에 한 번씩 두 명씩 돌아가면서 할머니와 할아버지의 말벗이 되어주는 시간을 갖게 되었다.

처음에는 할머니, 할아버지와 서먹하던 사이도 한 번 두 번 얘기를 나누다 보니 어느새 할머니, 할아버지를 도와드린다는 생각이 아니라 손주들이 되어 함께 즐거운 시간을 갖게 되었다.

이제 1년이 지난 지금 돌이켜 보면 봉사활동을 하고 의견을 주시고 머뭇거린 우리들에게 이런 좋은 기회를 주신 선생님을 만나게 된 것이 바로 '천재일우(千載一遇)'가 아닌가 싶다.

　'천재일우'는 중국 동진의 학자이자 동양태수를 지낸 원굉(遠宏)이 삼국시대의 나라를 세운 유명한 신하 20명을 찬양한 글 '삼국명신서찬(三國名臣序贊)'을 남겼는데, 그중 위나라의 순문약(荀文若)을 찬양한 글에 나오는 말이다. 즉 '천재일우 현지지가회(千載一遇賢智之嘉會)'라는 구절이 있는데 현명한 군주와 지략이 뛰어난 신하가 만나는 기회는 천년에 한 번 있을까 말까할 정도로 힘들다는 뜻이다. 보통 '천재일우의 기회'라는 말로 쓰인다.

사촌형은 큰 회사에 다니고 있다. 회사에 들어간 지는 꽤 오래 되었는데 간신히 말단직원에서 벗어난 정도라고 한다. 그런데 그 회사의 회장님을 대면하기가 참 어렵다고 한다. 회장님이 해외출장도 많고, 지방출장도 많아서 형처럼 사무실에서만 일하는 사람은 만날 기회가 적은 것 같다. 형은 입사할 때 회장님을 꼭 한 번 만나보고 싶어했다. 물론 사진으로는 잘 알고 있었다. 하루는 형이 회사 식당에 밥을 먹으러 갔다. 밥을 먹기 전에 화장실에 가서 손을 씻는데 낯익은 얼굴의 사람이 같이 손을 씻고 있었다.

나중에 생각해 보니 회사 회장님이었던 것이다. 그런데 직접 자주 대한 사람이 아니라서 언뜻 누군지 생각이 나지 않았다. 형은 같은 회사 사람이려니 하고 목례로 꾸벅 인사를 했다.

형은 그 얘기를 하면서 아쉬운 듯 말했다.

"아, 정말 회장님과 사귈 수 있는 '천재일우(千載一遇)'의 기회였는데 말이지."

그 말을 듣고 있던 고모가 말씀하셨다.

"이놈아, 네가 회장님도 몰라보고 회사에 붙어 있는 게 '천우신조(天佑神助)'다."

형설지공
螢雪之功

개똥벌레 형 | 눈 설 | 갈 지 | 공 공

어른들이 자주 하시는 말이 있다.

"너희들은 참 좋은 시절에 공부를 하니 얼마나 좋니!"

"세상 참 많이 달라졌지. 우리 때는 연필을 아낀다고 몽당연필이라는 게 있고, 문구류도 지금처럼 다양하지 않았단다."

"아빠네 반 학생 중 형편이 안 좋아서 도시락을 싸오지 못한 애들이 많았으니까."

아마 한두 번쯤은 반드시 이런 말을 들었을 것이다. 21세기 첨단 정보 사회에서 공부를 하는 우리들로서는 정말이지 도저히 상상이 안가는 말이다. 게다가 요즘은 학교급식을 하기 때문에 도시락 싸가지고 다닐 일도 없는데 도시락 못 쌀 만큼 가난해서 점심을 굶는 아이들이 절반이 됐다니 이해할 수 없는 일이다.

하지만 그건 사실이다. 6·25전쟁이 끝나고 난 후부터 우리나라 경제가 발전을 시작하기 전인 1970년대 이전까지는 '보릿고개'(?)라는 말이 있었을 정도다. '보릿고개'란 묵은 곡식이 다 떨어지고 보리는 아직 여물지 않아 먹을 것이 없는, 농가생활에서 가장 살기 어려운 음력 4~5월을 가리키는 말이다. 이때는 먹을 것이 없어서 산에 가서 나물이나 한약재를 캐다가 끼니를 때울 정도였다.

그후 겉으로는 경제성장을 이루긴 했지만 속으로는 빈부의 차이는 점점 더 벌어지고 가난에서 벗어나지 못하는 사람들이 많았다. 그래서 가난하지만 공부를 열심히 해서 성공하는 경우 '개천에서 용 난다.'라는 말이 나올 정도였다.

어찌됐든 예전에는 많은 사람들이 가난하게 살았기에 공부를 하고 싶어도 못하는 이들이 많았고, 설령 공부를 한다 하더라도 어려운 환경 속에서 해야 했다. 지금처럼 전기가 들어온 것도 아니었으니 밤에 공부를 하려면 얼마나 힘들었겠는가. 그래서 나온 말이 바로 '형설지공(螢雪之功)'이다. 가난한 사람이 반딧불과 눈빛으로 글을 읽어가며, 고생 속에서 공부했다는 데서 온 말이다.

옛날 중국 당나라 때 이한이 지은 문자교육용 아동교재인 『몽구』에 전하는 이야기다.

손강이라는 사람이 있었는데, 그는 집이 가난하여 기름 살 돈이 없을 정도였다. 그래서 하얀 눈빛에 책을 비추어 글을 읽곤 했다. 나중에 그는 어사대부에까지 벼슬이 올랐다.

또 진나라의 차윤이란 사람도 기름을 구할 수 없을 만큼 무척 가난했다. 그래서 여름이면 수십 마리의 반딧불을 주머니에 담아 그 빛으로 밤을 새우며 책을 읽어 마침내 이부상서가 되었다.

요즘은 아무리 가난해도 이런 방법으로 공부를 하는 사람은 없을 것이다. 하지만 예전에는 워낙 가난한 사람들이 많은데다 문명의 발전도 지금에 비하면 아주 낮은 수준이었을 테니 그럴 수도 있었을 것이다.

어찌됐든 공부란 누굴 위해서 하는 것이 아니고, 자신의 발전을 위해서 하는 것이니만큼 스스로 노력하려는 자세가 필요하다. 사람마다 처한 환경이 다르기 때문에 공부하는 여건은 제각각이겠지만 요즘처럼 좋은 세상에서는 자기가 하고자 마음만 먹으면 어떤 방법으로든 공부를 할 수 있으니 얼마나 다행스러운 일인가.

　지난 2학기 기말고사에서 우리 반은 2학년 10개 반 중에서 평균 65점으로 꼴찌 반이 되었다. 1학기에 치른 시험에서는 두 번 다 중간을 유지했는데 2학기 들어서 반 분위기가 흐트러지면서 성적 또한 형편없이 나타난 것이다. 그러니 담임선생님이 화가 날 수밖에 없는 일. 하루는 수업이 끝났는데도 담임선생님은 우리 반 전원을 교실에 앉혀두고 장장 한 시간 동안 긴 충고를 하셨다.

　"너희들은 무엇이 부족하니. 부모님들께서 옷 사주고 용돈 주고 학비 내주고 먹고 싶은 것 사주는데 무엇이 부족해서 성적이 이렇게 나쁘게 나오는 거지. 내가 공부할 때만 해도 그야말로 우리는 '형설지공(螢雪之功)'이라는 말이 어울리는 그런 열악한 환경에서 공부를 했어. 수업료를 내지 못해 교무실에 불려가면서도 학교 수업만큼은 열심히 들으려 했고 시험 기간에는 점심시간이나 휴식 시간도 잊은 채 공부를 했다고. 전깃불도 없었지. 그 당시 시골에서는 밤에 등잔불을 켜놓고 공부를 했다고……."

　그날 우리 반 아이들은 열변을 토하시는 선생님의 충고를 들으면서 다들 고개를 들을 수가 없었다.

화룡점정
畫龍點睛

그림 화 | 용 룡 | 점 점 | 눈동자 정

영호는 중학교 졸업을 앞두고 겨울방학에 단짝친구 두 명과 영은이네 외갓집이 있는 동해 바닷가로 졸업 여행을 갔다. 물론 부모님의 허락을 받고 간 것이다.

외갓집에 도착해서 짐을 풀고, 바닷가 모래사장에 자리를 잡았다. 겨울이라 찬바람이 불긴 했지만 친구들과 둘러 앉아 있으니 춥다는 생각이 들지 않았다.

영호와 친구들은 준비한 과자와 음료수를 앞에 두고, 중학교 시절 추억의 단편들을 꺼냈다. 3년의 기억들은 끄집어낼수록 새롭기만 했다.

"제주도 수학여행 갔을 때 기억나지? 그때는 쫓기는 듯 다녀서 바다 구경도 제대로 못한 것 같은데 지금 이 바다가 참 좋은 것

같아."

"우리는 같은 학교에 가게 됐는데 영호 너만 떨어져서 어떡하니?"

"학교가 가까운데 뭘. 자주 보면 되지. 자 우리의 계속되는 만남을 위해 건배하자."

"건배!"

세 친구는 종이컵에 든 음료수를 비웠다. 그리고 그 컵에 초를 끼우고 모래사장에 꽂아 종이컵 바람막이가 있는 촛대를 만들었다.

그리고 영호가 외갓집에 들어가 외삼촌에게 미리 이야기 해 놓은 것을 부탁했다. 이번 졸업여행의 '화룡점정(畵龍點睛)'이었다.

'화룡점정'은 정성을 기울인 일에 가장 중요한 마무리를 짓는 것이다. 외삼촌은 집 옥상으로 올라가시더니 철선을 통해 모래사장으로 불을 내려 보내주셨다. 그 불은 캠프파이어에 옮겨 붙었다.

"와! 어떻게 이런 걸 준비했어?"

"여기가 원래 대학생들이 많이 놀러오는 데라서 외갓집에서 민박을 하시면서 캠프파이어가 가능하게 만들어주곤 하셨어. 오늘 잊지 말자고 특별히 말씀드렸더니 이렇게 준비해 주신 거야."

'화룡점정'에 얽힌 일화가 있다.

옛날 중국의 한 화가가 벽화에 네 마리의 용을 그렸는데 용의 눈동자는 그리지 않았다.

사람들이 궁금해서 이유를 물었다.

화가는 용의 눈에 눈동자를 찍으면 용이 승천할 거라고 했다.

사람들이 말도 안 된다며 믿지 않고 화가를 비웃었다. 그리고 화가를 거짓말쟁이라고 몰아붙이며 눈동자를 그려 넣어 보라고 했다.

화가는 어쩔 수 없이 용 두 마리의 눈에 눈동자를 그려 넣었다. 그러자 눈동자를 그려 넣은 두 마리의 용이 하늘로 날아가 버렸다.

이걸 때

여기는 제주의 한 골프장, 미국의 제니퍼 선수와 한국의 손미리 선수가 세계 주니어 여자 골프 선수권 대회 결승에서 승부를 겨루고 있다. 두 선수가 같은 타수를 기록하고 있는 가운데 마지막 18번 홀만 남겨둔 상태다. 이제 승부는 이번 18번 홀을 누가 더 잘 치느냐에 따라 결정된다. 제니퍼 선수가 먼저 티샷을 하고 손미리 선수가 이어 티샷을 날렸다. 그리고 두 번째 샷에서 두 선수 모두 그린에 공을 올려놓는 데 성공했다. 이렇게 되면 정말 손에 땀을 쥐게 하는 경기가 아닐 수 없다. 제니퍼 선수가 먼저 버디퍼팅에 나섰으나 힘이 너무 세서 공이 홀을 한참 지나가 버렸다. 손미리 선수의 버디퍼팅은 홀을 돌아 나와 버렸다. 절대 실패할 수 없는 파퍼팅이었지만 손미리 선수는 '화룡점정(畵龍點睛)' 하는 자세로 퍼터에 모든 정성을 쏟아 넣었다. 손미리 선수는 일단 파로 마무리하고 제니퍼 선수의 파퍼팅을 기다렸다. 제니퍼 선수의 파퍼팅은 결국 홀을 아슬아슬하게 비껴났다. 손미리 선수의 우승이다.

한 손에 잡히는 고사성어

제2부

가정의 화목과 사랑을 다지는 고사성어

'가화만사성(家和萬事成)' 가정이 화목하면 만 가지 일도 다 잘 이루어진다는 말이다. 가정은 사회와 국가를 구성하는 최소단위로써 모든 이들에게 매우 중요한 안식처가 된다. 먼저 가정이 화목해야 그 가족들이 사회에 나가 즐겁게 일할 수 있고 사회를 구성하는 각종 단체나 기업들이 잘되면 결국 나라가 잘 살고 국력이 강해지는 것이다. 화목한 가정을 위해서 반드시 새겨 두어야 할 한사늘을 찾아보자.

가서만금

家書萬金

집 가 | 글 서 | 일만 만 | 쇠 금

현수 고모는 올해 마흔세 살 골드미스다. 할머니 말씀으로는 '너무 똑똑해서 시집을 못 간다.'고 하는데 현수로서는 도저히 이해가 가질 않았다. 똑똑하면 오히려 남자들이 더 좋아할 것 같았다.

그런데 고모는 똑똑하기도 하지만 작가 못지않게 글을 아주 잘 썼다. 그러던 어느 날 학교에서 국군아저씨들께 편지를 써오라고 했는데, '안녕하세요.' 한 줄 쓰고 나니 쓸 말이 없었다. 그래서 현수는 꾀를 냈다.

"고모, 평소에 내가 심부름 많이 못 해줘서 미안해요. 앞으로는 뭐든지 잘 할 테니까 부탁 한 번만 들어줄래요."

그러자 그 고모 평소 같으면 "됐어." 하고 말았을 텐데 어찌된

일인지 뭐냐고 물어 보는 거였다. 현수는 드디어 말을 꺼냈다. 그런데 위문편지라는 말에 고모는 큰 소리로 이렇게 말했다.

"아휴, 나는 정말이지 편지라면 지긋지긋해. 너까지 나를 괴롭힐 셈이니?"

현수는 당황스러웠다. 갑작스러운 고모의 돌변에. 그런데 알고 보니 그럴 만도 했다.

고모의 어린 시절 얘기를 들어보면 이해가 되었다.

"고모가 누구냐. 7남매 막내딸 아니니. 고모가 초등학교 다닐 때는 이미 네 아빠를 비롯해 큰아빠, 큰고모, 둘째고모, 셋째고모, 작은아빠 이렇게 다섯 명은 서울에 가서 학교를 다녔잖아. 그리고 네 아빠는 군인이었다고. 예전에는 시골이라서 전화도 없었지. 그러니 할머니는 허구한 날 나한테 편지를 쓰라고 하시는 거야. 할머니가 말씀하시면 그걸 내가 받아 적는 거지. 보내면 답장이 오잖아, 그러면 또 답장을 보내고. 오죽하면 그때 내가 너무 편지를 많이 써서 대학교 들어가서는 연애편지 같은 건 쓰고 싶은 생각도 없더라니까."

그때 할머니가 고모의 말을 듣고는 이렇게 나무라셨다.

"너는 배웠다는 애가 '가서만금(家書萬金)'이란 말도 모르니. 아, 고향에서 멀리 떨어져 있는 사람에게는 가족에게서 온 편지가 그만큼 가치가 있는 것이야. 그러니까 너에게 편지를 쓰라고 시킨 거지. 어찌됐든 너는 그 덕에 글재주가 생겼다고 했잖아. 현수한테도 편지 쓰는 법 좀 가르치고 그래라. 배우면 뭐해? 써먹어야지!"

그날 고모는 하는 수 없이 현수에게 편지 잘 쓰는 법을 알려주고 또 다 쓴 편지는 고쳐주기도 했다. 덕분에 현수도 글솜씨가 좀 늘었다고 한다.

그런데 '가서만금'은 '가서저만금(家書抵萬金)'의 준말이다.

북녘 땅에 이산가족을 둔 실향민들이야말로 늘 가슴에 그리움과 한을 묻고 살아간다.

사랑하는 부모형제와 헤어져 서로 소식도 없이 살아야 하니 얼마나 슬픈 일인가.

남북 이산가족 만남이 몇 차례 있긴 했지만 남북한 사이가 벌어지면서 이산가족 만남은 점점 힘들어지고 있다.

그러나 부모형제를 만나보지 못한 사람들이 아직도 셀 수 없이 많이 남아 있고 고령의 할머니 할아버지들이 많으셔서 안타까운 일이다.

예전처럼 남북한 사이가 좋아져서 서로 서신이라도 오고 갈 수 있다면 얼마나 좋은 일일까.

가족들의 소식을 몇 십년간 애타게 기다려온 사람들에게는 북녘 땅에 있는 가족들로부터 온 편지를 받게 된다면 '가서만금(家書萬金)'이 따로 없을 텐데 말이다.

대한민국의 한 사람으로서 실향민들의 심정을 생각하면 참으로 안타까운 일이 아닐 수 없다.

감개무량
感慨無量

느낄 감 | 분개할 개 | 없을 무 | 헤아릴 량

기영이는 지난 한일 월드컵 때 아버지를 따라 일본을 방문했을 때를 잊을 수가 없었다. 작은 호텔에 투숙하게 되었는데 월드컵 경기를 볼 수가 없는 것이 답답했다. 그날 저녁에 한국과 터키의 3, 4위전이 예정되어 있었기 때문이다.

그런데 저녁 무렵이 되니 아버지가 기영이를 호텔 밖으로 데리고 나가셨다.

"어디 가는 거예요?"

"한국 영사관에 간다."

기영이는 더 이상 묻지 않고 아버지의 뒤를 따랐다. '영사관에서 무슨 일이 있나보다.'라고 생각했다.

그런데 한국 총영사관 주변에 이르자 떠들썩한 소리가 들려왔다. 영사관에 조금 더 가까워지자 사람들의 응원소리가 분명했다. 지금까지 묵묵히 걷고 계시던 아버지가 기영이에게 말씀하셨다.

"너 오늘 축구경기 보고 싶지?"

"그럼요."

아버지와 기영이는 영사관 안으로 들어갔다. 영사관 지하의 넓은 공간 정면으로 대형 텔레비전 한 대가 놓여 있었고, 사람들이 빼곡하게 앉아 있었다. 그 사람들의 응원소리가 건물 밖으로 들려왔던 것이다.

기영이는 생각했다.

'이렇게 많은 한국 사람들이 일본에 건너 왔네. 이곳까지 와서도 축구 경기를 응원하다니 대단하다.'

기영이가 자리를 잡을 때까지도 잠잠하던 사람들이 다시 대한민국을 외쳤다.

"대~한민국!"

그런데 사람들의 발음이 어딘가 이상했다. 분명히 한국 응원인데. 기영이는 비로소 주위 사람들을 둘러보았다. 그랬더니 얼굴은 한국 사람이지만 차림새로 보아 일본에서 살고 있는 사람들이었다. 사람들은 일본어로 대화하고 있었다.

'그래, 교포들이었구나!'

비로소 사태를 파악한 기영이는 '감개무량(感慨無量)'할 수밖에 없었다. 일본에서 살고, 일본 말을 쓰는 그들이 목청을 높여 대한민국을 응원하고 있었다.

기영이는 더 크게 한국 팀을 응원했다.

"대~한민국!"

'감개무량' 이란 마음에 사무치는 느낌이 한이 없음을 말할 때 "나는 감개무량할 뿐입니다."라는 식으로 사용하면 제격이다.

"내가 죽기 전에 고향 땅을 한 번 밟아볼 수 있을지."

북한이 고향인 할머니는 입버릇처럼 말씀하시곤 하셨다. 그런데 몇 년 전 남북한 관계가 좋았을 때 할머니는 고향 땅은 아니지만, 북한 땅을 밟아볼 수 있게 되었다. 금강산 관광을 다녀오시게 된 것이다.

할머니는 강원도 고성 금강산 콘도에서 버스를 타고 1시간 남짓 만에 북한 고성항을 거쳐 금강산 온정각에 도착하자 '남북이 이렇게 가까운데!' 하고 새삼 느끼셨단다. 특히 중간 중간에 언뜻 보이는 북한 땅 시골 풍경이 할머니의 눈을 오랫동안 잡아두었다고 하셨다.

금강산에서 목란관, 옥류동, 구룡폭포, 상팔담, 구룡대 등을 둘러보신 할머니는 북한의 풍경을 다시 볼 수 있게 된 데 실로 '감개무량(感慨無量)'해 하셨다.

할머니는 피로를 풀기 위해 들어가신 금강산온천에 그 동안 쌓아 두었던 한을 모두 풀어 놓고 오셨다고 하셨다.

집으로 돌아오신 할머니는 한결 마음이 편안해 보이셨다.

할머니는 그후 '고향 땅에 가봐야 할 텐데……' 하는 말은 안 하겠다고 말씀하셨다.

관포지교
管鮑之交

대롱 관 | 절인어물 포 | 갈 지 | 사귈 교

우리에게 가장 편한 사람이 누굴까? 특히 청소년들에게 묻는다면 십중팔구는 친구일 것이다. 친구처럼 부담 없고 편한 사람은 없을 것이다.

매우 친한 친구 사이의 우정을 가리키는 말로 '관포지교(管鮑之交)'라는 고사성어가 있다. 관중(管仲)과 포숙(鮑叔)의 사귐이라는 뜻으로 서로 이해하고, 믿고, 정답게 지내는 깊은 사이를 나타내는 말이다.

그런데 관포지교랑 우정이랑 무슨 관계가 있는지 이해가 잘 가지 않는다고?

옛날에 중국 제나라에 관중과 포숙이란 사람이 있었다. 둘은 어릴 때부터 알고 지내던 사이였는데 관중이 무언가 실수를 했을 때 다른 사람들은 관중의 능력을 얕보았지만 포숙만큼은 "관중이 때를 잘못 만났을 뿐이다."라고 말을 했다.

또 관중과 포숙이 동업을 할 때 번 돈을 관중이 더 많이 가지고 포숙은 조금 밖에 가지지 않자 사람들은 관중에게 욕심쟁이라며 손가락질 하였지만 포숙은 "관중의 집은 식구가 많기에 돈을 더 많이 가져가는 것이다."라고 하였다.

그리고 전쟁터에서 관중이 먼저 도망을 치자 사람들은 관중에게 겁쟁이라고 비아냥거렸지만 포숙은 "관중은 모셔야 할 홀어머니가 계시기에 먼저 도망을 친 것이오."라고 그를 대변해 주었다. 이처럼 포숙은 관중에 대해 많은 것을 이해해 주었다.

또 후에 관중이 모시는 공자와 포숙이 모시는 공자가 달랐는데 두 공자가 서로 제나라를 다스리기 위해 다투었다. 이때 관중은 포숙이 모시는 공자에게 화살을 쏘아 죽이려고 했지만 그 공자는 죽지 않고, 결국 제나라를 패자국으로 올려놓기에 이른다.

포숙은 스스로가 관중의 밑에 있으면서 늘 관중을 도와주는 역할을 했다. 이때부터 관중과 포숙의 사귐이란 뜻의 '관포지교'라는 말은 진한 우정을 나타낼 때 사용하게 되었다.

진정한 친구 관계는 관중과 포숙처럼 서로의 이해와 믿음으로 이루어지는 것이다. 친구가 곤궁에 빠지거나 실수를 저지르고 남들에게 지탄을 받는 순간에도 이 친구가 피치 못할 사정이 있다면 그의 편에 서는 것, 그것이 바로 진정한 우정이 아닐까. 잘 나갈 때는 친하게 지내다가 정작 친구의 힘이 필요할 때 외면하는 것은 우정이라 부를 수 없다. 또, 매일 함께하는 친구사이라도 서로간의 믿음과 이해가 굳게 자리 잡고 있지 않다면 '관포지교'라는 말을 사용하기 어렵다.

주변에 자신을 이해하고 믿어주는 친구가 몇이나 있는지, 또, 자기가 믿고 이해하는 친구가 몇이나 되는지 살펴보기 바란다.

그러나 분명한 것은 내가 믿고 이해하지 않는다면 상대방도 나를 믿고 이해하지 않는다는 점이다. 진정한 친구는 주어지는 것이 아니라 바로 내가 만드는 것이 아닐는지.

나는 친구간의 의리는 남자들만 강한 것이라는 생각을 갖고
있었다. 여자들이야 그 순간순간은 남자들에 비해 더 부드럽고
정겨워 보이지만 시간이 흐르면 쉽게 식어지는 것처럼 보였던
것이다. 하지만 이런 생각이 얼마나 편협된 생각인지 깨닫게
되었다.

어느 날 우리 집에 누나 친구가 놀러 왔다. 그 누나는 부산에
서 고등학교를 다니는데 친구인 우리 누나가 보고 싶어 찾아온
것이다.

두 사람은 초등학교 6학년 내내 같은 반이었으며 단짝이었다
고 했다. 두 사람은 옛날이야기를 하면서 더욱 즐거워했다.

6학년 때 한 번은 누나가 준비물을 미처 갖고 가지 않아 당황
해 하자 누나 친구는 자기 것을 누나의 책상 위에 올려놓고 정
작 자신은 준비물이 없어서 선생님께 꾸지람을 들었다고 한다.
그래서 왜 그랬냐고 누나가 묻자 친구는 이렇게 말했다.

"너는 나보다 몸이 약했거든. 혹시 선생님께 혼나다가 쓰러지
기라도 할까 봐서 그랬지."

벌써 11년째 서로를 가장 소중한 친구로 생각하며 사이좋게
지내는 두 사람을 지켜보면서 나는 "'관포지교(管鮑之交)'가 따로
없네."라며 부러워했다.

난형난제
難兄難弟

어려울 난 | 형 형 | 어려울 난 | 아우 제

한 아파트에서 '수다' 하면 최고를 자랑하는 동네 아줌마 둘이서 수다를 떨고 있었다.

A아줌마 말하기를

"어머, 그 201호 집 아들 있잖아? 초등학교 6학년짜리. 세상에 난 그 아이처럼 개구쟁이 짓을 하는 아이는 못 보았다니까. 글쎄, 있잖아. 어제는 우리 집 빨래가 온통 흙탕물을 뒤집어쓴 거야. 그래서 알아보았더니 그 꼬마, 우리 위층에 살잖아. 그 애가 화분에 있는 흙탕물을 물총으로 쏜 거야. 위층에서 밑으로 쏘아 댔으니 우리 집 베란다로 그냥 내려와 옷을 그 지경으로 만든 거야. 어머머! 더 웃긴 건 뭔 줄 알아. 그 애 엄마. 미안하다는 말 한마디 없는 거야. 그래서 저녁에 따지러 갔지. 그랬더니 글쎄, "이거 세탁

비예요." 하며 2만 원을 주는 거야. 나, 참! 기가 막혀서. 아래윗집 살면서 돈으로 해결하려고 하다니 그 여편네도 참 웃기지. 말이 안 통해서 됐다고 하고 그냥 내려 왔다니까."

B아줌마가 가만히 있을 리가 없다. 그 아줌마는 한 술 더 떠서 그 아이의 아빠 흉을 보기 시작했다.

"그 집 남자 봤지? 허구한 날 술 마시고 비틀대며 오는 그 남자. 호호호~ 글쎄, 그 남자 얼마나 웃겼는지 배꼽 다 뽑힐 뻔 했다니까. 하루는 열 시가 넘었는데 초인종이 울리는 거야. 그래서 나가 보았더니 글쎄, 그 남자가 술이 취해서 우리 집을 자기네 집으로 착각한 거야. 그래서 우리 그이 보고 나가서 해결하라고 했지. 그런데 말이야. 그 남자 우리 신랑한테 하는 말이 더 웃겼어. "형님 언제 오셨어요?"라고 하는 거야. 하는 수 없이 우리 남편이 그 집까지 데려다 줬잖아. 그런데 그 집 여편네는 글쎄, 고맙다는 말 한마디 없더래. 정말 웃기지 않아?"

이렇게 수다를 떨던 두 아줌마는 갑자기 말을 멈추었다. 201호 여자가 앞에 있는 것이었다. 당황해서 어쩔 줄 몰라 하는 와중에서도 B아줌마는 재치 있는 말을 했다. 마침 그 여자 앞에 개구쟁이와 그 형이 있었다.

"어머, 너희들이구나. 너는 우리 영미하고 한 반이지. 세상에 네가 달리기를 그렇게 잘한다면서. 소문이 자자하더라. 아, 참! 그렇지. 동생도 달리기를 무척 잘한다고 하더라. 어쩌면 너희들은 그렇게 운동을 잘하니? 그야말로 난형난제다 애. 호호호~"

자기 아들 칭찬하는데 화내는 엄마는 없는 법. 201호 여자는 자신을 흉보고 있었다는 것을 알면서도 어쩔 수 없이 웃으면서 엘리베이터를 탔다. 이쯤 되면 수다도 선수 급이다.

그런데 A아줌마는 B아줌마에게 물었다.

"어머 자기는 아는 것도 많지, 난형난제가 뭐야?"

"그러니까 '난형난제(難兄難弟)'란 중국 고사에서 생겨난 말로 형 노릇 하기도 어렵고 동생 노릇 하기도 어렵다는 뜻이거든. 하지만 요즘은 '서로 비슷비슷하여 어느 것이 낫고 못하고를 분간하기 어려움'을 비유할 때 쓰곤 하지. 뭐 이 정도는 기본 상식 아니겠어."

'난형난제'는 『세설신어(世說新語)』에 나오는 말인데 그 유래를 보면 그럴듯하다. 옛날 중국 한나라 진원방의 아들 장문(長文)과 그의 사촌, 즉 원방의 동생 계방(季方)의 아들 효선(孝先)이 서로 자기 아버지의 공덕이 더 훌륭하다고 주장하다가 결말이 나지 않자 할아버지인 진식(陳寔)에게 가서 이에 대한 판정을 내려주실 것을 호소했다. 그러자 진식은 "원방도 형 되기가 어렵고 계방도 동생 되기가 어렵다(元方難爲兄季方難爲弟)"라고 대답했다. 이때부터 사용하게 된 것이다.

우리가 생활하면서 '난형난제'와 비슷한 뜻으로 자주 쓰는 말이 있다. 서로 실력이 동등할 때 '막상막하(莫上莫下)'라는 말과 비슷한 것이다.

현수와 정수는 올해 중학교 3학년이 된 같은 반 친구다.

2학년 때는 서로 다른 반이었지만 3학년이 되어서 같은 반이 된 두 친구는 우정이 아주 깊어 쌍둥이라고 불릴 정도다. 그런데 이 두 친구는 학업성적도 서로 우열을 가릴 수 없을만큼 비슷하다.

한 번은 1점 차이로 현수가 1등을 하면 그 다음에는 정수가 1점 차이로 1등을 하곤 했다. 그러니 반 친구들은 물론이고, 전교생에게 소문이 나 있었다.

그런데 2학기 중간고사에서 두 사람은 점수가 똑같이 나왔다. 공동 1등이 된 것이다. 그러자 선생님이 말씀하셨다.

"어휴! 이 녀석들, 너희야말로 '난형난제(難兄難弟)'로구나."

부자유친
父子有親

아비 부 | 아들 자 | 있을 유 | 친할 친

'부자유친(父子有親)'은 오륜(五輪)의 한 덕목으로 부모는 자식에게 인자하고 자녀는 부모에게 존경으로 섬기라는 말이다.

오륜이란 유교에서 말하는 5가지 기본적 실천덕목으로 앞서 설명한 부자유친을 포함해 '군신유의(君臣有義)', '부부유별(夫婦有別)', '장유유서(長幼有序)', '붕우유신(朋友有信)'이 있다. 오늘은 '부자유친'에 대해 상세하게 알아보자.

부모와 자식 사이는 사람이 태어나서 가장 먼저 맺는 인간관계이고, 이 세상에서 누구보다도 가장 친한 관계이다. 더구나 이 관계는 하늘에서 정해 준 만큼 자기 마음대로 선택하거나 바꿀 수도 없는 절대적인 것이기 때문에 오륜 중에서도 첫 째로 꼽고 있다. '부모[父]'와 '자식[子]' 사이에 친애함이 잘 유지되어야 가정생활이 원만해지고 사회가 좋아지며 따라서 문화도 발전하는 것이다. 따라서 사람이 사람답게 살고, 가정이라는 공동체를 번영하게 하고, 사회 문화를 발전하게 하는 집단 윤리라고도 말할 수 있다.

이러한 사상은 중국 전한(前漢) 때의 유학자 동중서가 공자·맹자의 교리에 바탕을 둔, 삼강오륜을 논한 그의 저서 『춘추번로』에서 유래되었다.

하지만 비단 중국뿐만 아니라 우리나라에서도 오랜 동안 인륜의 실천덕목으로 존중되어 왔다. 1431년(세종13년)에 편찬한 『삼강행실도』, 1791년(정조21년)에 편찬한 『오륜행실도』에도 실려 있다. 또 『악장가사』에도 「오륜가」로 실려 있다.

뿐만 아니라 조선시대의 유학자 주세붕, 김상용, 박인로, 황립 등의 문집에도 시조나 가사로 나오고 있다. 부모와 자식 사이에 마땅히 지켜야 할 인간관계의 행동 기준으로 널리 중시되어 왔음을 입증해 주고 있다.

이 윤리 덕목은 윤리의식이 희박해지는 현대사회에서 더욱 필요한 우리의 행동규범으로써 이정표라 할 수 있단다.

진수는 컴퓨터 게임에 빠지기 시작하면서 가족들과 함께 있는 시간도 즐겁지 않고 틈만 나면 빠져나가 친구들과 컴퓨터 게임을 하곤 했다.

아빠가 걱정하셨지만 진수는 공부도 열심히 하고 시간을 정해 놓고 조금씩만 하기 때문에 걱정하시지 말라고 자신있게 말씀드렸다. 약속을 어기면 언제든 회초리로 맞겠다는 약속까지 했다.

그러나 시간이 지나면서 컴퓨터 게임을 하는 시간을 점점 늘어나 어느 순간 컴퓨터 게임에 푹 빠져버렸다. 물론 공부도 열심히 하겠다는 아빠와의 약속은 지켜지지 않고 있었다.

하루는 아빠께서 나를 부르셨다.

한 번도 본 적이 없는 무서운 얼굴과 목소리로 한 마디를 하셨다.

"종아리를 걷어라."

진수는 아무 말도 못하고 종아리를 걷어 회초리를 맞았다.

10대를 때리시더니 아빠께서 말씀하셨다.

"많이 아프지. 너를 때리는 나도 마음이 아프다. 네가 미워서 때리는 것이 아니다. 네가 잘못된 길로 가는 것을 더 이상 두고 볼 수는 없구나."

그러시면서 나를 꼭 안아주셨다. 순간 내 가슴속에 아빠의 따뜻함이 전해지면서 '부자유친(父子有親)'의 진정한 뜻을 새겼다.

부전자전
父傳子傳

아버지 부 | 전할 전 | 아들 자 | 전할 전

흔히 아버지와 아들은 닮는다고 한다. 부모로부터 피를 물려받은 자식이기에 얼굴이 닮고 성격이 닮는 것은 어쩌면 당연한 일인지도 모른다. 그러나 사람들은 행동이나 습관을 두고 그 아버지의 그 아들이라는 말을 하곤 한다.

성길이네 아버지는 식사를 한 후에는 식탁에서 일어나서 꼭 물한 컵을 마시고 잘 먹었다는 표시로 두 손을 위로 쭉 뻗는 습관이 있다. 늘 그런 모습을 보여주기에 가족들로서는 그다지 특별한 모습이 아니다.

그런데 글쎄, 어느 날 성길이가 아버지와 똑같이 물 한 컵을 마시고는 두 손을 위로 쭉 뻗었다. 이 모습을 본 엄마는 그야말로 충격적이었다. 어른이야 그런 행동을 해도 누가 뭐라고 하거나 크게 흥이 안 되지만 이제 중학교 3학년인 성길이가 그런 행동을 했으니 괜한 걱정이 되었다. 성길이 엄마는 소리쳤다.

"성길아, 그게 무슨 행동이야! 밥을 먹었으면 일어나서 얌전히 나가야지. 아니 쟤가 왜 저러는 거야? 지 아빠가 그런다고 애까지 저러니 이거 어쩌면 좋아."

어떻게 보면 크게 나쁜 행동이라고는 볼 수 없는데도 성길이 엄마 성격이 보통 성격이어야지. 이번에는 성길이 아빠에게도 나무라듯 이렇게 말했다.

"당신이 밥 먹고 나서 늘 그러니까 애도 따라 하잖아요. 대체 그 습관은 왜 못 고치는 거예요? '부전자전'이라더니. 꼭 우리 집 식구들 두고 하는 말이네."

그런데 그 순간 성길이는 왜 그렇게 웃음이 나오는지 웃고 말았다. '부전자전'이라는 말이 새롭게 들렸다. 물론 한자 공부하다가 그 뜻을 알긴 했지만 집에서 엄마가 실생활에 그 말을 사용하시니까 너무 특별하게 들렸다. 그날 화난 엄마 앞에서 웃은 대가로 일주일 간 학교 갔다 와서 날마다 거실 청소 당번을 했다.

'부전자전(父傳子傳)'의 원래 뜻은 대대로 아버지가 아들에게 전하는 것을 말한다. 하지만 요즘은 아버지와 아들이 같은 성격이나 행동들을 표현할 때 자주 사용한다.

그리고 엄마의 미모나 습관, 그런 것들을 딸이 꼭 닮았을 때는 '모전녀전(母傳女傳)'이라고 한다.

축구를 좋아하든 안하든 2002 월드컵은 대한민국 사람들에게 열광적인 응원의 도가니 속에서 보낸 멋진 추억의 기억으로 남아 있다. 특히 월드컵 4강이라는 신화를 만들어낸 것으로 각인되어 있다.

그 당시 4강 신화를 만들어낸 선수들은 국내 무대에서 세계 무대로 활동 영역을 넓히고 이제 그들은 감독으로, 해설자로, 예능인으로 다양한 활동을 하고 있다.

그런 우리나라 선수단에는 차두리라는 발 빠른 선수가 있었다. 최선을 다해 월드컵을 마친 차두리 선수는 독일 분데스리가에서 왕성한 활동을 하고 이제 또 다른 영역으로 넓히고 있다. 이렇듯 우리가 알고 있는 차두리 선수의 뒤에는 차범근이라는 80년대 독일 프로 축구팀에서 활약한 세계적인 축구 선수 아버지가 있었다. 이에 사람들은 차범근과 차두리 두 사람을 두고 '부전자전(父傳子傳)'이라는 말이 딱 맞아 떨어지는 부자라고 말했다.

자급자족
自給自足

스스로 자 | 줄 급 | 스스로 자 | 발 족

중학교 1학년인 준호네 가족은 요즘 휴일만 되면 함께 가는 곳이 있다. 다름 아닌 다양한 야채들이 무럭무럭 자라나고 있는 주말농장이다.

사실 준호는 처음엔 주말농장에 가는 것이 무척 싫었다. 얼마나 싫었으면 아프지도 않은 배가 아프다고 핑계를 대고 가지 않은 적도 있었다.

하지만 언제부터인가 달라졌다. 봄비를 맞은 대지 위에 씨앗을 뿌린 야채의 싹이 나고 물을 주고 풀을 뽑아준 만큼 잘 자라는 야채를 볼 때마다 야채를 가꾸는 일이 아주 매력적인 일이라는 것을 알게 됐다. 어디 그뿐인가.

요즘 유기농산물이니 무공해 농산물이니 하는 것들은 보통 야채값의 두 배나 넘어서 서민들로서는 사 먹을 수 없을 정도지만 준호네 야채는 100% 무공해 야채를 그것도 늘 푸짐하게 먹을 수 있을 정도다. 고추, 방울토마토, 상추, 배추, 아욱, 쑥갓 등등 종류만도 열 가지가 넘는다.

한 마디로 준호네는 야채만큼은 '자급자족(自給自足)'한다. 그 뿐만이 아니라 가끔씩은 이웃집에까지 나눠주는데 동네 아주머니들 사이에 준호네 야채가 맛있다고 소문이 날 정도다. 요즘 웰빙시대라고 할 정도로 먹거리에 신경을 많이 쓴다. 건강하게, 행복하게 사는 거야 누구나 꿈꾸는 그런 세상이다. 요즘 준호네는 아파트단지에서 웰빙가족으로 통한다.

'자급자족(自給自足)'이란, 자기 것만으로 자신이 필요로 하는 것을 충당한다는 말이다. 사실 예전에 우리 선조들은 서로에게 필요한 물건을 교환하는 물물교환 시대를 살기도 했지만, 알고 보면 자급자족이 더 많았을 것이다. 일단 먹고 입는 것은 얼마든지 자급자족이 가능했다. 쌀이나 야채, 생선은 직접 재배하거나 잡아서 해결했고, 옷은 삼베나 목화를 길러서 거기서 재료를 얻어 냈고, 그 재료로 옷감을 짜서 옷을 만들어 입었다.

현대인들 중에는 도시생활에서 벗어나 전원생활을 즐기고 싶어하는 이들이 적지 않다.

과거에는 농촌을 버리고 도시로 나온 사람들이 적지 않았던 것에 반해 이제는 다시 귀농을 꿈꾸는 이들이 늘고 있는 것이다.

이는 사람들이 현대사회가 지닌 특성인 복잡함과 각박한 생활, 그리고 공해 등으로부터 벗어나 여유로운 삶을 추구하고자 하기 때문이다.

전원생활을 하는 사람들은 쌀, 야채, 과일 등을 '자급자족 (自給自足)'한다. 이는 과거의 단순히 먹고 사는 문제해결 차원의 '자급자족'이 아니라 무농약, 무공해 속에서 직접 자기 손으로 키워서 식생활의 재료로 이용하는 웰빙의 한 갈래로 볼 수도 있다.

죽마고우
竹馬故友

대나무 죽 | 말 마 | 옛 고 | 벗 우, 친구 우

사람은 살아가는 동안 많은 친구를 만나게 된다. 가장 먼저 유치원에 들어가면 유치원에서 친구를 만나게 되고, 초등학교, 중학교, 고등학교, 대학교에 들어가면 마찬가지로 친구들을 만나게 된다.

학교를 졸업하고 사회에 나가면 그곳에서도 또 친구를 만난다. 나이가 들어 경로당에 가도 친구는 만난다. 그러니 우리가 살아가는 동안 만나는 친구들은 일일이 셀 수 없이 많다. 하지만 이런 수많은 친구들 중에서 늘 기슴 속에 남아 잊혀지지 않으며, 언제 만나도 편안하고 반가운 친구들이 있다.

우리는 이런 친구를 '죽마고우(竹馬故友)'라 한다. '죽마고우'란 대나무로 만든 말을 타고 놀던 벗이란 뜻으로 어린 시절 친구를 뜻하는 말이다. 죽마(竹馬)란 두 개의 대나무에 각각 적당한 높이로 발을 올려놓도록 만들어진 것으로 어린이들이 타고 놀았던, 이를테면 스키나 인라인스케이트의 원조인 셈이다.

사람들이 살아가면서 만난 많은 친구들 중에서도 어린 시절 친구를 그리워하고 좋아하는 것은 어렸을 때는 서로 말다툼을 하거나 싸움을 했다 하더라도 서로에게 상처가 되지 않으며 동심의 순수함은 그 무엇과도 바꿀 수 없을 만큼 아름답기 때문이다.

　　대학생이 된 명수는 같은 과 친구들과 미팅에 나가게 되었고, 마음에 드는 여학생을 만났다.

　　그 여학생도 명수가 마음에 들었는지 명수와 사귀기로 했다.

　　명수는 처음으로 이성을 사귀는 거라 가장 친한 친구 호진이에게 자랑하고 싶어졌다. 남자들은 자신에게 좋은 이성친구가 생기면 가장 친한 친구에게 보여주는 습성이 있는데, 명수 역시 그랬던 것이다. 결국 호진이와의 만남에 그녀를 초대했다. 모임에 나타난 그녀에게 명수는 호진이를 이렇게 소개했다.

　　"여기는 내 죽마고우 호진이야."

　　이렇듯 오래된 친구들을 소개할 때 보통 '죽마고우(竹馬故友)'란 말을 많이 사용한다.

지독지애
舐犢之愛
핥을 지 | 송아지 독 | 갈 지 | 사랑 애

이 세상에서 가장 존경스럽고, 가장 고마운 사람이 있다면 너나 할 것 없이 부모님일 것이다.

부모님들은 우리에게 무한정 사랑을 베푸시는 분들이다.

우리가 커서 성인이 되어도 마찬가지로 우리에 대한 부모님들의 사랑과 관심은 변함이 없다. 80노모가 60된 아들에게 "얘야 밥은 잘 챙겨 먹고 다니니? 차 조심 하거라."라고 걱정을 하신다.

그래서 부모님 은혜는 거룩하고 하늘보다 높다는 말이 나온 것 같다. 부모가 자식을 사랑하는 것은 꼭 사람만 그런 것은 아니다.

말 못하는 동물들도 자식 사랑은 마찬가지이다.

송아지가 태어나면 어미 소는 송아지가 클 때까지 늘 온몸을 혀로 핥아준다. 그래서 생겨난 고사성어가 있다.

'지독지애(舐犢之愛)'라는 말은 '어미 소가 송아지를 핥아 주는 사랑'이라는 뜻으로 부모의 지극한 자식 사랑을 비유한 말이다.

우리가 살아가면서 부모님의 이 같은 은혜에 보답은 못할지언정 가슴 아프고 힘들게 하는 일은 없어야 하는데 자신도 모르는 사이에 행한 말이나 행동이 부모님들을 아프게 할 때가 많은 것 같다.

이제는 말 한마디라도 조심하고, 늘 부모님 은혜에 감사하는 마음을 가져야 할 것이다. 그리고 '지독지애'와 비슷한 말로는 '지독지정(舐犢之情)'이 있다.

할머니가 돌아가셨을 때 고모는 울다가 실신해서 응급실로 두 번이나 가는 안타까운 일이 있었다. 할머니는 슬하에 3남 2녀를 두셨는데 막내고모는 태어날 때부터 다리에 이상이 생겨 지금까지도 불편하게 생활하고 계신다. 그 때문인지 할머니는 눈을 감는 그날까지 늘 막내고모 걱정을 하셨다. 결혼을 했는데도 매일같이 고모네 집을 찾아가셨다. 할머니는 당신 눈으로 별 일은 없는지 확인을 해야 마음이 편하다는 말씀을 하셨다.

자식 모두가 사랑스럽고, 눈에 넣어도 아프지 않은 존재였지만 유독 막내고모에게 더욱 '지독지애(舐犢之愛)'하셨던 것은 막내고모의 다리 때문이었던 것이다.

이런 할머니 마음을 고모가 모를 리 없었다. 고모 역시 평생을 자신 때문에 하루도 맘 편할 날 없이 살다 가신 할머니가 너무 측은하고 죄스러웠던 것이다. 실신했다가 깨어나서도 다시 할머니를 찾으며 울부짖는 고모를 보면서 정말이지 가슴이 너무 아팠고, 부모와 자식 간의 끈끈한 사랑을 느낄 수 있었다.

현모양처
賢母良妻

어질 현 | 어미 모 | 어질 양 | 아내 처

장래 희망을 물었을 때 요즘은 돈 잘 벌고 유명한 직업에 대해 말하곤 한다. 그런데 2, 30년 전만 하더라도 자신의 장래 희망을 '현모양처(賢母良妻)'라고 적는 여학생들이 있곤 했다. 현모양처 하면 자상한 엄마를 떠올리기도 하고 집에서 살림을 하는 전업주부를 떠올리기도 했던 것 같다.

그런데 '현모양처'란 대체 누구를 말하는 걸까? 한자 그대로, 자식에게는 어진 어머니이고, 남편에게는 착한 아내를 말한다. 물론 남녀의 직업군이 무너지고 여성의 사회 활동과 능력 향상으로 여자들이 집에 머무는 경우는 점점 줄어들고 있다. 하지만 우리나라 정서에 비추어 볼 때 현모양처의 정서는 남아 있다고 할 수 있다.

옛날 얘기를 통해 현모양처에 대해 더 자세하게 알아보자.

한 마을에 어여쁘고 착한 아가씨가 살았는데 온 동네 총각들이 전부 아내로 맞이하고 싶어 했다. 그래서 그녀의 집에는 중매쟁이들이 매일 방문을 해서 조건 좋은 신랑을 소개시켜 주려고 했는데 그녀는 시집을 가려고 하지 않았다. 이미 마음에 정해 놓은 남자가 있었기 때문이다. 그녀의 집에서는 시집을 자꾸 미루는 딸이 걱정이 되었지만, 딸이 하기 싫다는 결혼은 시킬 수가 없었다.

그러던 어느 날 한 남자가 그녀의 집에 와서 부모님께 절을 하고 결혼을 하게 해달라고 했다. 부모님들은 그 남자를 보고 의아해 했지만 그녀는 너무 기뻤다. 자신이 마음속에 정해놓은 그 남자였기 때문이다.

그래서 그 아가씨는 부모님께 이 남자와 결혼하겠다고 말하고 허락을 받아냈고, 그렇게 해서 결혼을 했는데 마을 총각들은 모두 그녀의 결혼식을 보면서 울며 이렇게 말했다.

"내가 저 여자를 놓치다니. 정말, 현모양처가 될 여자였는데."

그 여자의 됨됨이가 얼마나 좋게 보였으면 동네 총각들이 다 그녀를 아내로 삼고자 했다는 이야기다.

'현모양처'는 일본의 교육자인 마카나 마사나오가 1875년에 만든 단어로 알려져 있는데, 여성의 의무가 임신과 출산임을 강조되던 시절에 생겨난 고사성어이다.

'현모양처'가 우리나라로 널리 퍼지기 전, 조선시대에 존재했

던 여성의 덕목은 '열녀효부(烈女孝婦)이다.'

'열녀'는 지아비에 대한 절개가 굳은 여자를 뜻하고, '효부'는 시부모를 잘 섬기는 며느리를 가리킨다. 즉, '열녀효부'는 이 두 가지를 모두 갖춘 여인을 뜻하는 것이다.

유교 문화가 발달한 시대에는 어머니로서의 '현모'가 아닌 지어미와 며느리로서의 윤리였다.

곧 '열녀효부'가 더 우선시되었던 것이다.

힘들게 하루하루 살아가는 가족이 있었다. 남편은 아침부터 일찍 일하러 나갔지만 돈벌이는 되지 않았다. 집에는 아빠만을 바라보는 식구들이 세 명이나 있었다. 그러나 아내는 무능력한 남편에게 잔소리를 한 번도 하지 않았고, 오히려 일이 안 될 때도 있으니 힘내라고 격려를 하는 것이었다. 그리고 남편어 벌어오는 쥐꼬리만한 돈으로 자녀들을 열심히 교육시켰다.

후에 남편은 아내의 격려에 힘을 얻어 더욱 열심히 일해서 넉넉한 생활을 할 수 있게 되었고, 자녀들도 열심히 공부해서 모두 훌륭한 사람이 되었다.

그 이야기를 들은 마을 사람들은 그녀를 볼 때마다 "정말 '현모양처(賢母良妻)'야. 남편 성공시켰지, 자녀들 전부 훌륭하게 자랐지. 부러울 게 뭐가 있겠어?"라며 부러워했다고 한다.

한 손에 잡히는 고사성어

제3부

자신의 삶을 올바르게 지켜주는 고사성어

자기 관리가 안 되면 그 무엇도 제대로 이루어질 수가 없다.
때문에 성공한 사람들은 자기관리를 철저히 하는 것을 매우 중시한다.
내가 나를 아름답고, 건강하게, 참되게 가꾸는 방법은 무엇일까.
한자에서 그 노하우를 배우자.

과대망상
誇大妄想

자랑할 과 | 클 대 | 망녕 망 | 생각 상

자기 자신의 외모에 무척 자신감을 갖고 자신은 특별한 사람이라고 생각하고 있는 이세연. 그녀는 모든 사람들이 자신을 항상 바라보고 있다고 믿고 있었다. 그러나 그녀를 보는 다른 사람들의 시선은 그리 곱지만은 않았다. 워낙 자신의 외모를 믿고 있었기 때문에 잘난 척을 많이 했던 것이다. 주위 사람들은 그녀를 볼 때마다 항상 '공주병'이라고 소곤대곤 했다. 그러나 그녀는 '과대망상(誇大妄想)'에 빠져 다른 사람들이 이야기하는 것에는 귀를 기울이지 않았다. 그러다 결국 주위의 사람늘이 하나 둘씩 그녀를 피하기 시작했고, 자신 주변에 있는 사람이 다 떠나고서야 자신이 잘못 생각했다는 것을 알게 됐다. 사람들에게 외면을 당한 후에야 후회했지만 사람들의 마음을 돌리기엔 너무 늦었다.

이렇듯 자신의 본래 모습을 바로 보지 못하고 지나치게 미화해서 생각하는 것을 '과대망상'이라고 한다.

　이런 아픈 기억이 있은 후 그녀는 자신의 현실을 바르게 바라보며 겸손한 사람이 되었다.

　과대망상은 주변 사람들이나 환경은 생각지도 않고, 자기 착각 속에 살아가는 사람들에게 오기 쉬운 증후군이다. 또 열심히 노력하지 않고 공짜를 기대하는 사람에게도 찾아오곤 한다. 그러고 보면 과대망상은 그 누구의 영향도 받지 않고, 자신 스스로가 자신을 바보로 만드는 일이 될 수도 있다. 때문에 사람들은 자신의 생각을 가까운 사람들에게 밝히기도 하고, 잘못이 있으면 개선점도 찾는 게 아닐까.

한동안 TV 드라마에 자주 나오던 탤런트가 있었다.

그녀는 드라마, CF를 통해서 인기를 얻으면서 스타로 군림했다.

그러나 그녀에게 뜻하지 않은 사고가 발생했다. 한 번의 말실수가 이미지를 손상시키는 결과를 초래한 것이다.

한 월간지와의 인터뷰에서 그녀는 일반인들을 '평민'이라고 말해 큰 곤욕을 치렀다.

그녀는 연예인이 아닌 일반 사람들을 그냥 그렇게 불렀다지만 연예인이 봉건시대의 귀족도 아니고, 어찌 일반인들의 인기를 먹고 사는 연예인이 그런 말을 할 수 있을까?

아마도 그때 그녀는 '과대망상(誇大妄想)'에 빠져 있는 것은 아니었을까?

구사일생
九死一生

아홉 구 | 죽을 사 | 한 일 | 살 생

　많은 사람들로부터 매우 덕망 있고, 침착하고, 박식하다고 칭송받는 한 신사가 있었다. 언뜻 보기엔 매우 맵시 있는 옷차림으로 깊은 강을 가로질러 놓인 다리 위를 걷고 있었다. 한참을 걷다가 '아차!' 그만 실수로 강물에 빠지고 말았다.

　그는 다행히 수영을 할 줄 알았기 때문에 헤엄을 쳐서 강을 마저 건너려고 했다. 처음에는 자신의 힘으로 어느 정도 앞으로 나아갈 수 있었는데 신사복이 물을 먹어 몸이 무거워지고, 게다가 물살마저 세어 힘이 다 빠지고 밀었다.

　이제 그는 물속에 잠기지 않기 위해 허우적거리며 구원의 손길을 기다릴 수밖에 없었다. 하지만 사방을 두리번거리며 살려달라고 외쳐도 구원자는 나타나지 않았다.

'이제 죽었구나!' 하고 하늘을 쳐다보는 순간 그의 눈앞에 굵은 밧줄 하나가 보였다. 다리에서 누군가가 던진 생명의 밧줄이었다. 그는 그것을 잡고 살아났고, 그후 그를 구해준 은인에게 평생 은혜를 갚으며 살았다.

만약 다리 위에서 누군가가 도와주지 않았다면 신사는 어떻게 되었을까? 아마 운명을 달리 했을 것이다. 이렇게 죽을 고비에서 힘겹게 살아나는 것을 두고 '구사일생(九死一生)'이라고 한다. '구사일생'이란 죽을 고비를 아홉 번이나 넘겼다는 뜻으로, 죽을 고비에서 간신히 살아난다는 뜻이다.

'구사일생'이라는 말은 언론 매체를 통해서도, 또 주변 사람들을 통해서도 많이 들어본 말일 것이다. 몇 년 전 지진해일(쓰나미)이 인도 일대를 휩쓴 안타까운 일이 있었다. 그때 실린 신문기사의 일부분이다. 신문을 잘 읽어 보면 '구사일생'이 무엇인지 확실하게 알 수 있을 것이다.

인도에서 지진해일(쓰나미) 참사가 발생한 지 38일 만에 9명의 생존자가 극적으로 구조됐다고 영국 BBC 방송이 보도했다. 안다만 니코바르 제도에서 수색작업을 계속하고 있는 현지 경찰은 안다만 제도 캠프벨 베이 섬의 후미진 곳에서 남자 5명과 어린이 3명, 여성 1명 등 모두 9명의 생존자를 구조, 병원으로 옮겼다. 구출된 생존자 중 최고령자는 65세의 남자이며, 최연소자는 11세 된 여자아이로 밝혀졌다.

현지 경찰 관계자는 이들 모두 건강상 특별한 문제는 없다고 밝혔다.

경찰 관계자는 "배를 타고 수색작업을 벌이던 중 생존자들이 우리를 향해 손을 흔들었다."면서 "소형 고무보트로 접근해 9명을 모두 구출했다."고 설명했다.

또 '구사일생(九死一生)'으로 살아남은 이들은 발견 당시 몹시 쇠약해진 상태였고, 150명의 부족민 가운데 살아남은 사람은 이들 밖에 없었다. 이들은 캠프벨 베이 섬에 있는 해군기지에서 39km 떨어진 지점에서 발견됐다.

기사회생
起死回生

일어날 가 | 죽을 사 | 돌아올 회 | 살 생

학교에서 시험을 치르는 날이었다. 늦게 잠자리에 든 나는 문득 눈앞이 밝다는 느낌을 받았다.

'이제 아침이 되어 가나 보다.'

그런데 어제 너무 늦게 잠이 들었는지 이상하게 눈을 뜨기가 싫었다. 순간 문득 머릿속에 떠오르는 생각이 있었다.

'자명종을 맞춰 놓았잖아! 자명종 소리에 일어나면 되는데 괜히 걱정했다!'

한참을 더 자고 일어나 보니 주위가 너무 환했다. 나는 갑자기 정신이 번쩍 들었다. 밝기가 대낮이 아닌가? 시계는 벌써 오전 10시를 넘어 있었다. 최대한 서둘러 학교에 가도 2교시 시험까지 이미 끝난 시간이니 큰일이었다.

"엄마, 왜 나를 안 깨운 거야!"

화가 나서 엄마에게 큰 소리를 쳤는데 엄마는 대답이 없었다.

'아들이 시험을 치르는데 가족들이 깨우지도 않고 나가다니!'

원망을 뒤로하고 나는 서둘러 학교로 갔다. 세수도 하지 못한 내 모습이야 불을 보듯 뻔한 일, 바로 '명약관화(明若觀火)'였다. 학교에 도착해 교문에 막 들어설 때였다. 학교 건물에서 친구들이 우르르 걸어 나오고 있었는데 하나같이 나를 보고 놀란 표정을 지었다.

"어떻게 너는 시험이 다 끝나고 오는 거냐?"

"그 꼴은 또 뭐야?"

나는 털썩 주저앉고 말았다. 시험을 치르지 못했으니 뒷일을 감당할 수 있을지 걱정이 되어 거의 울기 직전이었다.

그때 엄마의 목소리가 들렸다.

"어서 일어나라."

나는 엄마에게 화가 나 신경질적으로 대답했다.

"뭘 일어나. 끝났는데."

나는 꼼짝도 않고 앉아 있었다. 그런데 엄마의 계속 다그치는 목소리가 들렸다.

"어서 일어나."

그것은 나를 깨우는 소리였다. 눈을 뜨니 지금까지의 모든 것이 악몽이었던 것이다. 정말, 죽었다 살아나는 기분. '기사회생(起

死回生)' 그 자체였다. 시계를 보니 학교에 가기에는 조금 이른 시간이었다.

　'이게 꿈은 아니겠지?'

　나는 제대로 잠이 깰 때까지 악몽에 몸서리를 쳐야 했다.

우리 학교 육상부가 지역 대회에 출전했다. 육상부는 계주에서 입상을 노리고 있었다. 매일같이 연습한 결과, 기록이 학생들 수준에서 상당히 좋은 편이었다.

지도 선생님이 선수들을 불러 놓고 말했다.

"너희들은 충분히 입상 가능한 수준이야. 치명적인 실수만 하지 않으면 되니까, 긴장하지 말고 평소대로만 하자. 자, 파이팅!"

선수들은 두 번을 뛰어야 했다.

4개 조가 예선을 거쳐 상위 두 팀씩 여덟 팀이 결선을 치르는 방식이었다.

마침내 우리 선수들이 출발선에 섰다. "탕" 소리와 함께 첫 번째 선수가 출발했다. 그리고 세 번째 선수까지 선두를 유지했다. 그런데 네 번째 선수에게 배턴을 넘기는 순간 배턴이 땅에 떨어지고 말았다. 서둘러 수습하고, 네 번째 선수가 출발했지만 이미 4위로 처져 있었다. 네 번째 선수는 전력을 다해 3위로 들어 왔지만 결선 진출에는 실패였다.

선수들이 고개를 떨구고, 짐을 챙길 때였다. 심판이 2위로 들어온 선수들을 실격 처리했다. 가까스로 결선에 진출할 수 있게 된 선수들은 손을 붙잡고 환호성을 질렀다.

'기사회생(起死回生)'한 선수들은 결선에서 2위로 입상했다.

사자후
獅子吼

사자 사 | 아들 자 | 울 후

경아가 다니는 고등학교는 많은 학생들이 좋은 대학교에 진학하는 것으로 유명한 곳이다. 또 학생들의 의견을 많이 존중하는 곳으로 소문이 나 있기도 하다. 특히 3학년이 되는 아이들이 진로를 선택하는 데 있어 융통성을 발휘할 수 있도록 많은 배려를 하고 있다.

그 가운데 대표적인 예가 대학 진학반과 취업 대비반을 구분할지, 학생들이 섞여 같이 공부하게 할지를 학생들 스스로 결정하게 한다. 올해도 어김없이 교장선생님은 2학년 학생들에게 선택을 위한 토론을 하게 했다.

공부를 잘 하는 아이들은 공부하는 분위기가 되는 교실을 만들기 위해, 공부에 흥미가 없는 아이들은 공부와 좀더 거리를 두고

자유를 만끽하기 위해 대학 진학반과 취업 대비반의 구분을 원하는 것이 대세였다.

"대학교에 꼭 가고 싶지 않은 아이들까지 머리 싸매고 공부할 필요 없잖아요. 공부하고 싶은 사람들끼리 열심히 해보자고요."

"우리도 안 말립니다. 그대들은 공부를 열심히 해서 책 속으로 들어가고, 우리는 열심히 돈 벌어서 세상을 즐길 테니까요."

2학년인 정아는 그 학교 우수한 학생들 사이에서 항상 상위권에 드는 아이였다. 내년에는 3학년이 되어 좋은 대학교에 입학하겠다는 꿈을 가지고 있다.

공부를 잘하는 참한 아이로만 보였던 경아가 토론에 나섰다. 그런데 뜻밖에 경아는 작은 체구에서 '사자후(獅子吼)'를 토해냈다.

사자후는 밀림의 왕 사자의 포효를 말한다. 사자가 우렁찬 목소리로 동물들을 꼼짝 못하게 하듯, 그 옛날 석가모니가 불자들을 설득시킨 데서 유래된 말이다.

"공부하는 분위기를 만들어 좋은 대학교에 가는 것도 중요하고, 하기 싫은 공부 억지로 하기보다 일찍 적성을 찾는 것도 좋겠죠. 그런데 지금까지 생활하던 친구들과 그런 이유로 갈라져 있고 싶은가요? 옆에 있는 친구들을 보세요."

토론이 끝난 후 학생들은 자신들의 선택을 투표용지에 담아 투표구에 넣었다. 그리고 집계 후 반을 구분하지 않는 것으로 결론을 내렸다.

학교는 웃음소리로 떠들썩했다.

"야, 이 못생긴 애야. 너 공부 잘해서 좋은 대학교 가도 나랑 계속 친구할 거지?"

"너 돈 번다고 혼자 나이트 가기 없기다."

교장선생님은 선생님들에게 말했다.

"한 학생의 뜻에 다른 학생들이 이끌린 것은 아닐 겁니다. 모두가 함께 공유하고 있는 것을 일깨워 줬을 뿐이지요. 내년에는 어느 학생의 사자후를 들을 수 있을지 기대해 봅시다."

한 직장 야구팀이 있었다. 과거에 그 팀은 아마추어 야구에서 천하무적이라 할 만 했다. 타자들은 1번부터 9번까지 상대팀 투수에게 껄끄럽지 않은 선수가 없었다. 투수들은 가운데에 올라가 한 타자 한 타자를 최선을 다해 승부하기로 유명했다. 무엇보다 8회까지 1점만 앞서 있어도 그날 경기는 이겼다는 확신이 들만한 최고의 마무리 투수를 자랑하고 있었다.

그러나 몇 년이 지나면서 선수들은 나이가 들어 옛 기량을 다 발휘하지 못했다. 몇 년 동안 우수한 선수들을 확보하는데도 실패했다. 무엇보다 전 감독에게 사정이 생겨 새로운 감독이 부임했는데, 지휘 스타일이 선수들이 지금까지 야구를 하던 방식과 크게 차이가 났다. 성적은 바닥으로 떨어졌다. 선수들은 감독을 원망하며 패배의식에 사로잡혔고, 팬들은 무기력한 선수들을 보며 하나 둘 떠나갔다.

그렇게 새로운 해를 맞이했을 때 주장 선수가 '사자후(獅子吼)' 를 토해냈다.

"올해는 우리 스스로가 팬들을 만족시키는 야구를 해야 한다. 감독 문제는 최선을 다한 후에도 안 되었을 때 논의해 보자."

그 팀은 그해 우승을 차지했다. 선수들은 감독에게 말했다.

"우리는 누가 감독이 되어도 내년에 또 우승할 겁니다."

살신성인
殺身成仁
죽일 살 | 몸 신 | 이룰 성 | 어질 인

"이번 캠프 행군코스에는 어려운 지대가 많을 겁니다. 하지만 정신만 차리면 위험하지는 않습니다. 한 사람도 다치지 않고 무사히 돌아오길 바랍니다."

승환이네 학교에서는 지리산으로 여름 캠프를 떠났다.

'소풍과 다름없는 여행이겠지.'

교감선생님의 우려 섞인 당부는 곧 관심 밖으로 밀려났다. 고속도로를 달리는 차 안에서 학생들은 도시를 벗어나는 즐거움으로 들떠 있었다. 마침내 학생들이 지리산에 도착하고, 인솔 선생님은 학생들을 수련장 운동장으로 불러냈다.

"이번에 말 안 듣고 말썽 피우는 놈은 2학기 내내 고생할 각오해라."

그러자 학생들이 "우!" 하고 애교 섞인 야유를 보냈다. 선생님은 개의치 않고 말을 이어갔다.

"특히 지금 가는 산길은 곳곳에 비탈이 있으니, 앞사람 가는 길을 잘 따라가라. 절대 장난치지 말고."

선생님은 학생들을 데리고 산으로 올라갔다. 한참 동안은 평탄한 산행이었다. 그런데 한참을 가니까 갈수록 길이 좁아지고 길 아래로 급경사진 곳도 많아졌다.

그런데 어딜 가나 장난꾸러기들은 가만히 있질 못하는 것 같다. 반 최고의 개구쟁이 승환이와 진수가 좁은 길에서 서로 다리를 걸어 넘어뜨리려고 장난을 쳤다. 그러다 진수가 발을 잘못 디뎌 길 아래로 미끄러지고 말았다.

깜짝 놀란 반 아이들은 진수가 미끄러진 곳으로 내려갈 생각은 하지 못하고 소리를 높여 선생님을 찾았다. 그런데 선생님이 도착하기도 전에 승환이는 재빨리 길 아래로 내려갔다. 다행히 진수는 약간 긁혔을 뿐 큰 부상은 입지 않았다. 승환이는 진수의 짐을 자기가 짊어지고 진수를 부축해 올라 왔다.

선생님은 진수가 괜찮은지 여기저기 확인하더니 진수와 승환이의 머리를 콕 쥐어박았다.

"이놈들, 어딜 가나 말썽이네. 승환이 너의 몸을 아끼지 않은 그 '살신성인(殺身成仁)'의 자세 때문에 지금은 이 정도만 해두는 거야."

캠프에 참석한 학생들은 위험한 순간에 자신의 몸보다 친구의 아픔을 먼저 생각하고 용기를 낸 승환이를 다시 보게 되었다. 살신성인이 꼭 남의 목숨을 구하는 거창한 일이 아니라는 것도 깨닫게 되었다.

'살신성인(殺身成仁)'의 유래를 보면 공자가 유교 사상을 말씀하신 『논어』의 「위령공편」에 "志士仁人 無求生以害仁 有殺身以成仁(지사인인 무구생이해인 유살신이성인)"이라는 구절이 나온다.

즉 공자께서 말씀하시기를, 높은 뜻을 지닌 선비와 어진 사람은 자신의 목숨을 버려서라도 여러 사람에게 이익이 되는 일을 하라고 가르치신다.

제자들이 이 구절을 강조하여 만든 고사성어가 바로 '살신성인'이다.

삼촌은 사무실 컴퓨터 앞에서 자판을 두드리며 하루 일과를 마무리하고 있었다. 그런데 창문 너머로 "끼이익" 타이어 끌리는 소리가 나더니 "쿵" 소리가 잇달아 들려왔다. 눈으로 보지 않아도 큰 교통사고가 난 게 틀림없었다.

삼촌이 창문 밖을 보니 바닥에는 타이어 자국이 선명했는데, 차량 한 대가 심하게 파손되어 있었고, 또 다른 한 대는 옆으로 뒤집어진 상태였다. 뒤집어진 차량은 사람이 탄 채였는데, 시동이 꺼지지 않아 바퀴가 계속 헛돌고 있었다.

어느새 사람들이 사고 현장으로 몰려들었다. 그런데 뒤집어진 차량에서 갑자기 심한 연기가 피어올랐다. 차량 내부에서 불이 난 모양이었다. 사람들은 혹시 무슨 일이 생길까 싶어 멀리 달아나기 바빴다.

그때 경찰관 한 명이 현장에 도착하더니 뒤집어진 차량 위로 올라갔다. 그리고 차 문을 열어 타고 있던 사람을 끌어 올렸다. 다행히 운전자가 큰 부상을 입은 것 같지는 않았다. 경찰관은 재빨리 운전자가 나온 차 안으로 들어가 시동을 껐다. 경찰관이 차에서 빠져나오자 소방관들이 사고 차량에 물을 뿌렸다. 사람들은 '살신성인(殺身成仁)'을 보여 준 그 경찰관에게 열렬한 박수와 환호를 보냈다.

설왕설래
說往說來

말씀 설 | 갈 왕 | 말씀 설 | 올 래

"네가 먼저 잘못해 놓고 왜 나한테 난리야!"

"뭐라고? 너 나한테 뭐라고 말했어! 욕 했어 안 했어!"

"네가 잘했으면, 내가 욕을 했겠냐고. 네가 다른 애들한테 엉뚱한 소문을 퍼뜨리고 다녔잖아. 왜 네 잘못을 인정하지 않니?"

"내가 무슨 소문을 냈는데? 말해 봐. 야, 나는 없는 얘기 안 해. 오죽 잘하고 다녔으면 소문이 나냐!"

"너 지금 나하고 싸우자는 거야 뭐야!"

"돈 벌어 놓은 것 많은가 본데, 한 번 붙어볼래? 그러다 다리 부러지지 말구 입 다물고 있으면 좋겠다. 이 멍청아!"

도대체 누구의 말이 옳은 건지. 누가 잘못을 한 건지 제 3자로서는 알 수가 없는 대화만 오고 가는 경우를 보게 된다. 특히 말다툼을 하다 보면 말이 말을 낳고 서로가 잘했다니, 보고 있는 사람으로서는 오히려 짜증이 날 정도다.

이런 경우 서로 자기가 잘했다고 변론하느라고 말이 옥신각신하는 '설왕설래(說往說來)'의 본보기인 셈이다.

이처럼 사람들은 사소한 일로 말다툼을 하는 경우가 있다. 어느 한쪽이 참고 넘어가면 싸움은 되지 않는데 둘 다 양보를 하지 않으니 결국에는 말싸움이 되고, 그것이 이어져 몸싸움까지 가기도 한다.

사람과 사람 사이에서 일어나는 모든 일들은 아주 큰 일, 이를테면 죽음이나 불명예스러운 낙인을 찍는 일이 아닌 이상 가능한한 참고 양보하며 넘어가는 것이 바람직하다. 지금 당장은 참기어려운 일일지라도 시간이 지나면 충분히 이해가 되고 용서가 되기 마련이다.

사람은 저마다 인격체이기 때문에 가능한 한 상대에게 상처를주는 말이나 행동은 삼가야 하며 서로 돕고 이해하려는 노력이매우 중요하다. '설왕설래'와 뜻이 같은 한자어로는 '언왕설래(言往說來)'와 '언거언래(言去言來)'가 있다.

엄마와 아빠는 가끔씩 그렇게 중요하지도 않은 얘기를 가지고 서로 의견 충돌을 일으키는 때가 많은 편이다. 서로 "아니다.", "내 말이 맞다.", "그렇지 않다." 등등 늘 '설왕설래(說往說來)'다. 그럴 때마다 나는 '혹시 저러다 싸우시는 건 아닌지.' 하고 걱정을 한다. 하지만 부부이기 때문일까? 의견충돌 정도로 싸움을 하지는 않는다. 다만, 두 분의 옥신각신하는 대화를 듣고 있자면, 왜 그토록 소모적인 언쟁을 하는지 이해할 수 없을 때도 있다. 특히 우리 부모님들은 두 분 다 목소리가 큰 편이어서 마치 불난 집처럼 분위기를 어수선하게 만들곤 한다. 한 번은 무려 한 시간 넘게 그것도 밤중에 설전을 벌이시다 그만 아래층 할아버지한테 주의를 받기도 했다. 그때 할아버지 하시는 말씀이 너무도 재미있으셨다.

"이봐요. 부부싸움들 하려면 저기 공원에 가서 해요. 시끄러워서 잠을 못자겠네."

그런데 그때 시간은 아홉시였다.

오비이락
烏飛梨落

까마귀 오 | 날 비 | 배나무 이 | 떨어질 락

한 남자가 자신은 너무 억울하다면서 길 한복판에서 소리를 지르고 있었다. 사연을 들어보면 그 사람 오해 받기 딱 좋겠다는 생각이 들었다. 일단 그 사람 말을 들어보면 이렇다.

"난 너무 억울해요. 아니 당신네 가게 앞에 있는 돌 때문에 부딪혀서 넘어졌어요. 그런데 하필이면 과일바구니가 그 옆에 있어서 내 의지와는 무관하게 몸이 그쪽으로 쓰러진 탓에 과일바구니가 엎어진 거지요. 그런데 나한테 과일 값을 물어내라니 그게 말이나 될 법한 일이냐고요. 오히려 내가 당신네한테 치료비를 받아야 하는 거 아닙니까?"

그러나 과일가게 주인은 남자의 말을 믿지 않았다.

"당신은 이번 한 번이 아니지. 오늘은 재수 없이 넘어진 거겠지. 지금까지 무려 세 번이나 우리 과일 바구니를 엎어 놓고 도망친 놈이 있다고. 바로 당신과 똑같은 키였단 말이야. 오리발 내밀지 말고 사실대로 말해. 만일, 거짓말을 하거나 과일 값을 내지 않으면 경찰을 부를 테니 마음대로 하라고."

학교 가는 길에 이런 일을 겪은 남자는 대학생이었다. 그러니 학교 수업에는 가야 하는데 경찰이 와서 사실을 확인하고 잘잘못을 가리다가는 학교도 못 가게 생겼다. 참 답답한 노릇이었다.

한 마디로 이런 상태를 '오비이락(烏飛梨落)'이라고 한다.

본래 '오비이락'은 "까마귀 날자 배 떨어진다."는 말로 통한다. 그러니까 아무런 관계도 없이 한 일이 우연히 동시에 일어나 다

른 일과 관계된 것처럼 오해를 받게 될 때를 말하는 것이다. 사실 따지고 보면 이 사람 아무 잘못도 없다. 하필이면 돌에 넘어진 자체가 재수 없는 일이고 거기에다 몸이 한 곳으로 쏠려 옆에 있던 남의 집 과일바구니를 엎었으니 참으로 묘한 일이다. 사람이 살다 보면 이런 일들이 일어난다. 자신의 의도와는 전혀 다르게 오해 받기 십상인 일이 발생한다.

이 고사성어는 조선 인조 때의 학자 홍만종이 엮은 『순오지』에서 유래된 말이다. 한국 속담에는 일이 잘 안 될 때는 화까지 겹친다는 말이 많은데 '안 되는 사람의 일은 뒤로 자빠져도 코가 깨진다.', '소금 팔러 가니 이슬비 온다.', '도둑을 맞으려면 개도 안 짖는다.'와 같은 말이 이와 비슷한 속담이다.

삼촌은 며칠 전 특이한 꿈을 꾸었다고 했다. 갑자기 윗니가 몽창 빠져서 병원에 가겠다고 현관으로 나왔는데 신발이 없어진 것이다. 이는 아픈데 신발이 없어 "내 신발 줘!"라고 외치다 잠에서 깨어났는데 그 순간 시골에 계신 할머니가 돌아가셨다는 전화를 받게 된 것이다.

그러나 삼촌의 불길한 징조는 여기서 끝나지 않았다. 회사에서 승진 대상이 되어 곧 이사로 진급하기로 되어 있었는데 무엇이 잘못된 일인지 할머니 상을 치르고 출근했더니 다른 부서의 부장이 이사로 진급을 했다는 거였다. 좋지 않은 이런 사건들이 잇달아 발생하자 삼촌은 또 어떤 일이 벌어질지 걱정이 된다면서 아버지에게 털어 놓았다.

그러자 아버지는 이렇게 말씀하셨다.

"참 알다가도 모를 일이구나. '오비이락(烏飛梨落)'이 바로 이런 걸 두고 하는 말인가 보다."

하지만 그후 삼촌에게 나쁜 일이 일어나지는 않았다. 진급 문제는 해외 발령 때문에 늦어진 것이었다는 소식을 들었다.

와신상담
臥薪嘗膽

엎드릴 와 | 섶나무 신 | 맛볼 상 | 쓸개 담

어른들은 요즘 젊은이들이 너무 쉽게 선택하고 쉽게 포기한다면서 걱정을 한다. 시대와 환경이 변하면서 정보도 넘쳐나고 예전에는 상상도 못했던 직업들이 생겨나면서 선택의 폭이 넓어진 것이 사실이다.

다양한 선택을 하다 보니 때로는 어른들 눈에 쉽게 포기하는 것으로 여겨지기도 할 것이다. 어찌되었든 쉽게 포기하는 것은 좋지 않다.

직업 중에 꽃으로 다양한 장식을 하는 꽃 아티스트인 '플로리스트'라는 직업이 있다. 우선 젊은 여성들의 관심을 끌어당길 만하다. 꽃 자체가 아름다운데다가 그것을 이용해 다양한 작품을 만들어낸다. 하지만 프로가 되려면 오랜 시간을 거쳐야 한다. 심지어 외국 유학을 다녀오는 사람들도 적지 않다.

그러다 보니 처음에는 쉽게 접근했다가, 할수록 깊이가 있고 어렵다 보니 도중에 포기하는 사람들이 많다. 비단 이 직업만이 아닐 것이다. 자격증 시험 공부도 한 번 했으면 끝을 보려는 불굴의 의지와 노력 같은 것이 있어야 하는데 한 번 실패하면 또 다른 직업을 알아보는 사람들도 많은 것 같다.

세상에 공짜는 없다. 무언가를 얻으려면 그에 상응하는 노력을 기울여야 한다. 이를테면 '와신상담(臥薪嘗膽)' 해야 한다.

'와신상담'이란 말은 원수를 갚거나 어떤 목적을 이루기 위해 괴로움을 참고 견디는 것을 뜻하는 말인데, 본래의 뜻은 '섶에 누워 자고, 쓰디쓴 곰쓸개를 핥으며 패전의 굴욕을 되새겼다.'는 뜻이다.

'와신상담'의 유래를 거슬러 올라가면 그때가 BC496년이었다. 중국의 오왕 합려는 월나라로 쳐들어갔다가 월왕 구천에게 패하여 전사했다.

그러자 그 아들 부차는 아버지의 원수를 갚고자 본국으로 돌아와 장작 위에 자리를 펴고 자며, 방 앞에 사람을 세워 두고 출입할 때마다 "부차야, 아비의 원수를 잊었느냐!" 하고 외치게 했다.

부차의 이와 같은 소식을 들은 월왕 구천이 오나라를 먼저 쳐들어갔으나 패하고 말았다.

싸움에 크게 패한 구천은 얼마 남지 않은 군사를 거느리고 회계산에서 농성을 하였으나 견디지 못하고 오나라에 항복하였는데 포로가 된 구천 내외와 신하 범려는 갖은 고역과 모욕을 겪은 끝에 영원히 오나라의 속국이 될 것을 맹세하고 무사히 귀국했다.

그는 돌아오자 자리 옆에 항상 쓸개를 매달아 놓고 앉거나 눕거나 늘 이 쓸개를 핥아 쓴맛을 되씹으며, "너는 회계의 치욕(會稽之恥)을 잊었느냐!" 하며 자신을 채찍질했다.

이렇게 해서 생긴 말이 '와신상담'이다. 와신상담은 부차의 와신과 구천의 상담이 합쳐서 된 말인데, 비슷한 뜻으로 '회계지치(會稽之恥. 회계산에서 받은 치욕)'라고 한다.

나는 검도를 무척이나 좋아한다. 초등학교 1학년 때부터 꾸준히 배웠기에 중학교 2학년이 된 지금은 또래 아이들 사이에서는 선수 급으로 통할 정도다. 이 때문일까. 언제부터인가 나는 내 실력을 너무 믿고 연습을 게을리 했다. 그러던 어느 날 다른 체육관 아이들과 친선경기를 하게 됐다.

같은 학년이니 충분히 이길 수 있을 거라고 자신했는데 상대의 실력은 만만치 않았다. 결국 보기 좋게 패했고, 그날 관장님으로부터 호된 꾸지람을 받았다. 그날 이후로 나는 집에 와서도 혼자서 연습을 하는 습관을 갖게 됐다.

3개월 후 다시 시합을 하기로 했던 터라 그때만큼은 결코 질 수 없다는 각오에서였다. 이런 나를 본 아빠는 용기를 주는 말씀을 하셨다.

"지금 '와신상담(臥薪嘗膽)' 중이구나! 그래, 무엇을 하더라도 목표가 있어야 하고 그것을 이루기 위해 최선을 다하는 모습은 정말 좋은 거야. 파이팅!"

유언비어
流言蜚語

흐를 유 | 말씀 언 | 바퀴 비 | 말씀 어

말처럼 조심스러운 게 없다. 말이란 우리가 살아가면서 늘 밥을 먹듯이 말을 하고 살아가기 때문에 아주 소중한 것이다. 세상을 혼자서 살아간다면 혼자 말하고, 혼자 듣고, 혼자서 떠들어 댈 것이다. 혼자 있을 때라면 듣는 사람이 없으니 어떤 말을 하든 상관없다.

하지만 우리가 사는 세상은 혼자서가 아닌 수많은 사람들과 어우러져 살아가야 한다. 집에는 가족이 있고, 주변에는 친척들이 있다. 학교나 학원에 가면 많은 친구들과 선생님들이 있다. 학생 때는 그나마 만나는 사람들이 적지만 어른이 되어서 사회에 나가면 직장 동료들, 학교 선후배들, 거래처 사람들 등등 셀 수 없이 많은 사람들을 만나게 되고, 그들과 친해지고 서로 돕고 살려면 말이란 가장 필수적인 의사전달의 수단이 된다.

누군가는 이런 생각도 할 것이다.

"입이 있는데 그까짓 말쯤이야 그냥 하면 되는 거 아냐."

"말을 조심스럽게 하는 것은 여자들에게 해당되는 말이야."

"말도 못하면 바보지. 그 쉬운 말을 못한단 말이야."

지금 '말'에 대해 말하고자 하는 것은 말을 잘하고 못하고를 떠나서 말을 할 때는 항상 신중하고 진지하게 사실 그대로를 말해야 하며 자신이 하고자하는 말이 있다면 상대가 불쾌하지 않도록 말해야 한다는 것이다.

말 중에서도 절대 하지 말아야 하는 것이 있다면 바로 '유언비어(流言蜚語)'다. '유언비어'란 아무 근거 없이 널리 퍼진 소문, 그러니까 터무니없이 떠도는 말이다. 이를테면 이런 말이 될 것이다.

"2학년 2반 선생님 있잖아. 누가 그러는데 그 선생님이 일요일날 20대 초반 여자하고 손잡고 지나가는 것을 보았다더라. 그런데 둘은 연인사이처럼 무척 가까워 보이더래. 결혼한 분이 어떻게 그럴 수가 있니? 정말 딸 같은 사람인데 말이야."

이 말은 며칠 내에 전교 학생들에게 퍼졌고, 결국에는 교장선생님도 이 사실을 알게 됐다. 그런데 사실과 전혀 다른 얘기였다. 그 선생님은 휴일에 중학생인 딸과 손잡고 쇼핑을 했는데 그것을 누군가가 잘못 전했기 때문에 일어난 일이었다. 만일 2반 선생님 같은 입장이 된다면 누구든 화가 나고 억울한 일이 아닐 수 없을 것이다. 학생들이 저지른 실수이니 그냥 넘어가겠지만 만일 다른 일반인이 그런 헛소문을 냈다면 이는 명예훼손으로 법원고소까지 이어질 수 있는 문제다. 사실과 무관하게 떠도는 뜬소문을 또 다른 사람에게 전한다는 것은 매우 좋지 않은 일이다.

다른 사람의 얘기를 남에게 전하는 것 자체가 그다지 좋은 일이 아니다.

상대의 얘기를 남에게 알려서 상대에게 도움이 된다면 모르지만 그렇지 않다면 어떤 말이든 굳이 제 3자에게 전할 필요는 없다. 설령 사실이 확인된 것이라 할지라도 남의 얘기를 또 다른 사람에게 하는 것은 삼가는 게 좋다. '유언비어'와 같은 고사성어들이 또 있다. '부언낭설(浮言浪說. 아무 근거 없이 널리 퍼진 소문)'이나 '부언유설(浮言流說. 떠돌아다니는 헛된 소문)'도 같은 뜻으로 쓰인다.

어느 날 친구가 호들갑스럽게 다가와서는 말했다.

"있잖아. 형기네 옆집 사는 우리 학원애가 그러는데 형기네 이사를 갈지도 모른대. 형기 아빠가 회사에서 쫓겨났대."

이 말을 듣는 순간 친구에 대해 나는 놀랐다. 형기와는 둘도 없는 친구이기 때문이다. 그래서 그에게 물었다.

"너 그 말 사실이야? 누군가로부터 전해들은 얘기라면 그렇게 함부로 말하지 말아야 되지 않니? 떠도는 얘기라면 '유언비어(流言蜚語)'일 수도 있잖아."

그러자 친구는 아무 말도 하지 못했다. 하지만 친구의 그 말은 내 마음을 뒤흔들어 놓았다. 다름 아닌 신뢰가 무너지는 듯한 느낌을 받은 것이다. 좋은 일도 아닌데다 자신이 정확히 알고 있지도 않은 일에 대해 무책임하게 전하는 친구를 보면서 언젠가는 나에 대한 이야기도 다른 누군가에게 하지 않을까 싶은 생각이 들었다. 친구가 어려운 입장이라면 감싸고 위로해 주어야 하는데 오히려 아주 재미있는 이야기인양 떠들어 대는 모습이 너무도 실망스러웠다.

일확천금
一攫千金

한 일 | 움킬 확 | 일천 천 | 쇠 금

우리가 살아가는 하루를 돌이켜보면 대부분 돈이 모든 활동의 밑받침이 되고 있다.

하루 세끼 밥을 먹고 학교에 가서 공부를 하고 따뜻하고, 편안한 집에서 잠을 자고, 멋진 옷을 입고, 신발을 신고, 여행을 다니는 등등 모든 것이 돈이 없이는 안 되는 일이다. 때문에 어린이나 학생일 때는 부모님들이 모든 비용을 해결해 주시기 때문에 돈 걱정 하지 않고 공부에 열중할 수 있으며 건강하게 뛰어 놀 수 있는 것이다.

하지만 우리가 어른이 되어 사회에 진출하면 어떤 일을 하든지 돈을 벌어야 한다. 물론 돈을 벌기 위해서 살아가는 것은 아니지만 우리와 우리 가족들이 보다 건강하고 즐겁게 살아가려면 돈은 당연히 필요한 것이다.

　사람마다 생각이 다르듯이 돈에 대한 사람들의 가치나 입장도 제각각이다. 어떤 사람은 돈을 물 쓰듯 써가면서 절약하지 않는가 하면 또 어떤 사람들은 개미처럼 돈을 모으려고 노력하기도 한다. 그러나 돈이 없어서 여행도 못가고 늙으신 부모님께 맛있는 음식을 사드리지 못하는 사람들도 있다. 하지만 중요한 것은 우리가 돈이 없어서 크게 불편하지 않을 정도는 돈이 있어야 하므로 돈을 벌어야 한다.

　그런데 어떤 사람들은 한 번에 큰돈이나 재물을 얻길 원한다. 이런 사람들을 두고 '일확천금(一攫千金)'을 꿈꾸는 사람들이라고

말한다. 일확천금을 꿈꾸는 사람들은 바로 이런 사람들이다.

도박을 하거나 경마장에 가서 큰돈을 걸고 최고의 당첨금을 노리는 사람, 또 날마다 로또 복권을 사면서 몇 십억 원이 한순간에 생겨나길 바라는 사람들이다.

하지만 이런 사람들은 큰돈을 한순간에 얻게 된다 해도 행복은 잠시일 뿐이다. 쉽게 번 돈은 소리 없이 쉽게 사라지기 마련이다.

돈은 자신이 하고 싶은 일을 열심히 해서 버는 것이 가장 좋은 방법이다. 구두쇠처럼 너무 돈을 쓰지 않는 것도 좋은 일은 아니다. 열심히 벌면서 반드시 필요할 때는 쓰고, 그리고 절약하며 생활하는 것이다.

이럴때

    토요일이면 복권 방에는 사람들로 발 디딜 틈이 없다. 다들 복권으로 인생을 바꿔 보겠다는 생각을 가지고 있나보다. 얼마 전 인터넷 뉴스에 이런 기사가 실렸다.

    한 여성이 퇴직금으로 주식과 복권을 구입했는데 주식은 가격이 폭락했고 복권은 하나도 당첨이 안 돼서 퇴직금을 전부 날려 버리고 비관해서 자살을 했다는 기사였다.

    이 기사를 보면서 마음이 착잡했다. '일확천금(一攫千金)'을 노리다가 아까운 목숨마저 버리게 되었다는 것이 무척 아쉬웠다.

자업자득
自業自得

스스로 자 | 일 업 | 스스로 자 | 얻을 득

한 수출업자가 운동화를 만들어서 외국으로 수출했는데 반응이 너무 좋았다. 물론 외국의 나이키 같은 유명한 제품보다 더 꼼꼼하게 만들었고, 디자인도 아주 세련된 운동화였다. 남들이 운동화 열 켤레를 만들 때 이 회사는 단 두 개 밖에 만들지 못했다. 그만큼 잘 만들려고 애를 썼다.

그러다 보니 세계에서 제일 좋은 제품이 나왔다. 그런데 사람 욕심이 한도 끝도 없다는 말이 있다.

미국에서 이 제품이 인기를 끌다 보니 프랑스, 중국, 이탈리아에서도 주문이 들어왔다. 사장은 신이 났다. 떼돈을 벌 수 있는 절호의 기회가 온 것이다. 하지만 신발 만드는 과정이 다른 회사에 비해 몇 배로 복잡하니 주문을 다 소화해 낼 수 없었다. 그래서 택한 방법이 그리 중요하지 않다고 생각되는 작업공정 몇 가지를 무시하고 신발을 만들기 시작했다. 그런데도 외국 바이어들은 모르고 있었다. 사장은 기회는 이때다 생각하고 여전히 몇 가지 작업공정을 거치지 않은 채 운동화를 대량으로 만들어 냈다. 하지만 어느날 갑자기 외국의 바이어로부터 전화가 왔다. 예전 제품에 비해 방수기능이 약하다는 것이다. 그래서 무려 5억 원대에 달하는 제품을 다시 돌려보낸다는 통보였다. 이 때문에 회사는 부도 위기에 몰리게 되었고 월급을 못 받은 종업원들은 회사를 떠나기 시작했다.

이때 한 직원이 말했다.

"언젠가는 들통이 나기 마련이기에 나는 사장한테 말했었다고. 조금 덜 벌더라도 예전처럼 만들자고. 하지만 사장은 오히려 화를 내더라고. 결론은 자업자득인 거야."

여기서 '자업자득(自業自得)'이란 대체 무슨 말일까? 우리가 일상 생활에서 많이 쓰는 말이다.

이를테면 조금 서둘러서 학교에 가라고 엄마가 늘 말씀하시는데도 불구하고 게으름을 피우다가 하루는 결국 지각을 하는 일이 발생했다. 친구들이 다 보는 앞에서 선생님께 벌을 받은 것은 당연하고, 반 친구들 보기 부끄러워서 그날은 온종일 책상에 앉아 있었다. 이것도 '자업자득'이다.

그러니까 '자업자득'이란 자신이 저지른 일로 인해 발생한 결과를 자신이 받게 된다는 말이다. 부모님들이 가끔은 이런 말씀을 하신다.

"공부하기 싫으면 하지 마라. 모든 결과는 너에게로 돌아가니까. 자업자득이란 말이 공연히 생겨난 줄 아니?"

자신이 벌여 놓은 일은 그 결과도 자신의 몫이니 스스로 알아서 해야 된다는 말이다. 그러니 공부를 하는 것도 다 우리 자신들을 위한 일이니 최선을 다하는 수밖에.

시험이 3일 밖에 남지 않은 주말인데 친구가 인라인스케이트를 타러 공원에 가자고 했다. 하지만 나는 단호히 거절했다.

풀지 못한 수학문제도 있고 한 번씩 더 읽어 봐야 할 책도 많았다. 그래서 시험이 끝난 후 인라인스케이트를 즐기면 어떻겠냐며 친구를 달래보기도 했지만 자기는 공부를 했기 때문에 걱정 없다면서 다른 친구들과 스케이트를 타러 갔다.

며칠 후 토요일, 일요일 이틀 간 신나게 즐겼다는 얘기를 들었다.

부럽긴 했지만 나는 내 생각대로 부족한 공부를 한 것이 잘한 일이라는 생각을 했다. 아니나 다를까 시험이 끝난 후 성적이 나오자 친구는 울상이 되어서 아무 말도 하지 않았다.

시험 성적 평균 점수가 지난 학기보다 무려 10점이나 내려갔던 것이다. 하지만 나는 반대로 5점이 올라갔다.

"나는 큰일났다. 집에 가면 아빠한테 크게 혼날 것 같은데 어쩌지? 사실 인라인스케이트 타러 가던 날도 아빠는 공부하라고 하셨지만 나는 자신 있다고 큰 소리쳤거든."

이런 친구가 걱정스럽기도 하고 안쓰럽기도 했지만 내 입에서는 좋은 말이 나오지 않았다.

"'자업자득(自業自得)' 아니냐. 네가 놀고 싶어서 놀은 것이니까 누구한테 하소연할 수는 없는 일이야. 어쩌겠니. 다음에는 똑같은 경험을 반복하지 않는 수밖에."

전화위복
轉禍爲福

구를 전 | 재화 화 | 할 위 | 복 복

동현이네 담임선생님은 학교 안에서 무섭기로 소문이 자자했다. 선생님은 농담을 받아주는 일이 거의 없었다. 항상 근엄한 얼굴을 하고 잘못된 것은 콕콕 집어내셨다. 동현이네 교실은 유달리 청소 시간에 열심이었다. 가장 지적받기 쉬운 것이 눈에 잘 띄는 청소상태라서 학생들은 누가 시키지 않아도 자기 맡은 구역은 깨끗이 청소했다.

그러던 차에 학교에 교생선생님이 온다는 소문이 돌았다. 게다가 교생선생님이 동현이네 교실로 올 가능성이 있다는 소식이었다. 동현이네 반 학생들은 마음이 들떴다.

"야, 교생선생님 온다며?"

"그렇대. 그런데 남자선생님이래."

"남자면 어떠냐? 우리 선생님보다 재미없진 않을 텐데."

"그건 그렇다."

동현이도 며칠만이라도 좋으니 딱딱한 분위기를 벗어나 교생 선생님과 생활하고 싶다고 소원을 빌었다. 그로부터 며칠 후 등 교길에 낯선 사람이 정장을 하고 교문을 들어서는 것을 본 동현 이는 뛸 듯이 기뻤다.

'드디어 교생선생님이 오셨구나!'

그런데 거기까지였다. 교생선생님이 1학년을 맡아 부임했다는 것이었다.

"이미 오래 전부터 교생선생님이 그 반에 가기로 되어 있었대."

아이들은 실망하는 얼굴이 되었다. 동현이도 그날 하루 온통 서운한 생각뿐이었다. 집으로 돌아가는 발걸음은 무겁기만 했다.

그로부터 일주일이 지났다. 지난주에 왔던 교생선생님이 무뚝뚝 했었다는 소식이 그나마 동현이네 반 학생들에게 위안을 주었다.

"1학년 그 반에 내 친구 동생이 있는데, 재미 하나도 없고, 수 업만 하다 가셨다더라."

그런데 아침 조회에 오신 담임선생님 옆으로 낯선 여성이 따라 들어왔다.

"자, 오늘부터 일주일 동안 여러분과 생활하게 될 교생선생님 이시다."

"와!"

학생들은 환호성을 질렀다. 생각지도 않았던 미녀 선생님이라니…… 담임선생님이 학생들의 마음을 잘 알고 있다는 듯 웃음을 머금고 말했다.

"이놈들, 나를 안 보는 게 그렇게 좋으냐? 선생님 말씀 잘 들어라."

학생들이 "예!" 하고 교실이 떠나갈 듯 대답하자 담임선생님이 교생선생님에게 목례하고 교실을 나가셨다.

교생선생님은 칠판에 이름을 쓰고 인사했다.

"안녕하세요! 원래 제가 지난주에 이 학교에 오기로 되어 있었는데, 사정이 생겨서 이번에 왔고요. 원래 저는 1학년을 맡기로 했는데 우연히 여러분과 같이 생활하게 됐어요. 일주일이지만 잘 지내요."

지난주에 교생선생님을 만나지 못한 것이 '전화위복(轉禍爲福)'이 된 것이다. 그로부터 일주일 동안 동현이네 교실은 부드러운 교실이 되었다.

오늘 아버지는 술을 드시고 들어오셨다. 그런데 기분이 좋으셨다.

"어디서 그렇게 술을 많이 드셨어요?"

"응, 오랜만에 어릴 적 친구를 만나서 기분 좋게 한 잔 했지."

아버지가 누나와 나를 불렀다. 회사에서 문화상품권이 생겼다는 것이었다. 내가 누나보다 앞서 선수를 쳤다.

"저 그걸로 테이프 사도 돼요?"

"나는 소설책 사고 싶은데. 요즘 교과서만 읽어서는 수능시험 준비 어렵잖아요."

누나는 이런 데는 지존이었다. 그 짧은 순간에 문화상품권과 수능시험을 묶어 내다니! 역시나 아버지는 누나에게 문화상품권을 주었다.

"그래 우리 딸, 공부 열심히 하고 있지?"

그런데 그게 '전화위복(轉禍爲福)'이 될 줄이야! 어머니가 지갑을 꺼내시더니 영화표 두 장을 꺼내 나에게 주셨다.

"요즘 이 영화가 재미있다며? 오늘 백화점에서 사은품으로 주더라. 쟤는 문화상품권 받았으니까 네가 봐라."

누나의 부러워하는 눈빛에 영화표를 받은 기쁨은 두 배가 되었다.

타산지석
他山之石

다를 타 | 뫼 산 | 갈 지 | 돌 석

현일이는 고등학교에 갓 진학했다. 그런데 어디서부터 학창시절의 계획을 세워야 할지 막막했다. 벌써 다른 친구들은 무슨 과목의 학원을 다녀야 하네, 나는 과외를 하기로 했네 하면서 현일이를 조급하게 했다. 마냥 학교와 집만 왔다 갔다 하는 현일이는 불안하기 짝이 없었다.

현일이 부모님은 학교생활만큼은 본인의 의견을 존중하겠다는 입장이셨다. 하루는 진지하게 부모님과 대화를 시도했다.

"저도 학원을 다녀야 하지 않을까요? 벌써 학원 수강하는 친구들도 꽤 있거든요."

"무슨 과목을 수강할 거니?"

"영어나 수학이요."

"영어니 수학이니?"

"……."

현일이는 큰 계획을 잡는 데만 급급했지 정작 세부적으로는 한 마디도 대답할 수 없었다. 아버지가 말씀하셨다.

"네 마음은 알겠는데, 너무 서두르지 말고, 먼저 학교 수업을 잘 따라가는 데 힘써라. 그리고 나서 무엇을 하고 싶은지를 잘 생각해 봐."

현일이는 "예." 대답을 하고 나왔지만 생각은 더 많아졌다.

'어떻게 공부를 하면 좋은 성과를 얻을 수 있을까? 어느 과목을 집중해서 공부해야 하지?'

그러던 어느 날이었다. 현일이가 TV를 보고 있는데 그 해 대학교에 들어간 한 학생을 인터뷰하고 있었다.

"학교 수업에 충실했고, 예습 복습은 꼭 했어요. 그리고 도서관에서 소설책을 많이 빌려다 읽은 게 도움이 되었던 것 같아요."

현일이는 생각했다.

'음, 대학교 간 사람들은 항상 똑같은 말만 하고 있어. 앵무새도 아니고.'

그런데 TV프로그램은 인터뷰한 학생의 가정형편으로 이어졌다. 그 학생은 소년가장으로 도저히 과외나 학원을 선택할 형편이 아니었다.

어느새 현일이의 생각은 바뀌어 있었다.

　'그래, 학교 수업만 충실해도 저 정도의 기본기는 갖출 수 있겠구나! 일단 그렇게 시작하고, 내가 모자란 부분을 신중히 찾아봐야겠다.'

　현일이는 TV에 나왔던 그 학생을 '타산지석(他山之石)'으로 삼기로 했다. '타산지석'이란 남의 땅 하찮은 돌멩이조차도 내게는 이롭게 쓸 수 있다는 말이다. 다른 사람의 행동, 말 하나로 나를 가다듬어 앞길을 개척할 수 있다는 뜻이다. 현일이는 프로그램을 끝까지 보면서 참고할 만한 내용을 꼼꼼히 적어두었다. 그날 이후 학교에 가는 것이 훨씬 즐거워졌다.

대학교에 다니는 형은 여권을 만들고, 비자를 발급 받고, 짐을 꾸리는 등 지난 한 달 내내 분주하게 보냈다. 방학을 맞아 배낭여행을 간다는 것이었다. '나중에 나도 형처럼 배낭여행을 갈 수 있겠지?' 하는 마음으로 형에게 물어보았다.

"형은 배낭여행을 왜 가려고 해?"

"음, 다른 나라가 어떻게 사는지도 궁금하고, 또 다른 나라를 다니면서 영어도 배우고, 무엇보다 다른 나라 학생들을 '타산지석(他山之石)'으로 삼아서 어떻게 해야 세계적인 경쟁력을 가진 사람이 될 수 있을까 의식을 배워보려고."

"우와! 생각보다 대단한데. 형, 다른 이유는 없어?"

"다른 이유?"

"혹시 외국인 여자 친구를 만들려고 한다든가 그런 거 말이야."

"이게, 저번에 외국 나가더니 외국인 남자 친구랑 데이트만 하고 온 누나를 '반면교사(反面教師. 다른 사람이나 사물의 부정적인 측면에서 가르침을 얻는다는 뜻)' 삼아서 나라도 자제할 생각이다."

한 손에 잡히는 고사성어

제4부

삶의 지혜를 쌓게 하는 고사성어

세상은 많은 사람들이 한데 어우러져 살아갈 공간이다. 하지만 같은 시대를 사는 같은 나이인데도 불구하고 사람마다 살아가는 모습은 제각각이다. 이는 삶의 지혜를 누가 더 많이 가졌는가에 따라 달라진다고 볼 수 있다. 지혜로운 삶을 살기 위해서 지혜를 쌓는 한자를 익혀 두는 것은 아주 좋은 일이다.

결초보은
結草報恩
맺을 결 | 풀 초 | 갚을 보 | 은혜 은

동화 중에 '은혜 갚은 까치'라는 동화가 있다. 책을 보면 구렁이에게 잡아먹힐 뻔한 까치 가족을, 길을 가던 선비가 구렁이를 죽이고 구해주게 된다. 그런데 자신의 남편 구렁이를 죽인 선비에게 한을 품은 암컷 구렁이가 선비에게 복수하기 위해 해를 입히려 했다.

'자시까지 종이 3번 울리지 않으면 잡아먹겠다.'

암컷 구렁이가 그렇게 말했는데 세 번 종이 울렸다. 날이 밝아 새벽에 울렸던 종에 가 본 선비는 어제 자신이 구해 준 까치가 머리에 피를 흘리면서 죽어 있는 것을 보았다. 결국은 까치가 자신의 목숨을 구해 준 걸 알고, 까치를 따뜻한 양지에 묻어 주고, 길이 기억했다는 이야기이다. '결초보은(結草報恩)'. 바로 까치가 자

신의 목숨을 버리면서 은혜를 갚은 것처럼, 자신의 목숨을 구해 준 이를 위해 자신의 목숨을 버려가며 은혜를 갚는 것이다.

'결초보은'의 유래는 중국에서 자신의 딸을 살려 준 장군이 전쟁에 나갔는데, 그 은혜를 갚기 위해 죽은 자가 풀을 엮어 적군의 말들이 다 쓰러지게 해서 그 장군에게 승리를 안겼다는 옛이야기에서 나왔다. '결초보은'과 비슷한 말은 죽어서 백골이 되어서도 은혜를 잊지 못한다는 뜻의 '백골난망(白骨難忘)'과 은혜를 입은 고마움이 뼈에 새겨져 잊지 못한다는 '각골난망(刻骨難忘)'이 있다.

이럴 때

살다가 보면 누구나 어려운 일을 겪는다. 그럴 때 누군가가 도움을 준다면 그 사람을 평생 잊을 수 없을 것이다.

사업이 어려워 힘들어하고 있는 김사장. 자금 융통이 안 돼서 무척 고전을 면치 못하고 있었다. 그때 도움의 손길이 왔다.

그에게 손을 내밀어 준 사람은 다름 아닌 어려서부터 절친한 사이였던 '죽마고우(竹馬故友)'였다. 친구의 도움으로 더욱 분발한 김사장은 성공을 하여 안정적으로 회사를 운영하게 되었는데 이번엔 자신의 친구가 어렵다는 소식을 들었다.

친구의 도움으로 여기까지 왔다고 생각한 김사장은 '결초보은(結草報恩)' 하는 심정으로 한 달음에 달려가 친구에게 도움의 손길을 주었다.

그후 그들의 우정은 더욱 돈독해졌다.

교언영색
巧言令色

공교로울 교 | 말씀 언 | 하여금 영 | 빛 색

어느 마을에 약장수가 찾아 왔다. 마침 한 처녀가 길을 가다 약장수를 만났다. 우연찮게 두 사람은 대화를 나누게 됐다.

"만병통치약입니다. 복용 즉시, 눈이 밝아지며 혈액순환 원활해지고, 원기 회복됩니다. 믿고 한 번 드셔보세요."

"어머 저 새빨간 거짓말 믿어도 되나?"

"하하 거짓말이라니요. 믿어 보시라니까요. 드심 효과 바로 보십니다."

"그래요. 한 번 사용해 볼게요. 주세요."

처녀는 그 약을 사용했는데 전혀 효과를 보지 못했다. 며칠 후 약장수가 다시 찾아오자 처녀는 가만히 있지 않았다.

"아저씨 이게 뭐예요! 효과는커녕 몸에 두드러기만 나잖아요.

교환해 주세요."

"아니 무슨 말씀이세요. 이렇게 많이 사용하시고 교환해 달라니요. 그럴 순 없죠."

"어머 이 아저씨 '교언영색'으로 사람 속일 때는 언제고, 이제와서 발뺌하시기예요!!"

결국 약장수 아저씨는 당돌하면서도 똘똘한 처녀의 말에 약값을 다시 내주었다.

처녀가 말한 '교언영색(巧言令色)'이란 말 그대로 교묘히 꾸며서 하는 말과 알랑거리는 태도라는 뜻이다. 그러니까 남의 환심을 사기 위해, 아첨하는 교묘한 말과 보기 좋게 꾸미는 표정을 이르는 말이다.

주변에 상대를 칭찬하기보다는 아첨이나 입에 발린 소리로 남을 속이기 좋아하는 친구 한두 명은 있을 것이다.

그런데 아첨과 칭찬은 확연히 다르다. 아첨은 마음에도 없는 교활한 말로 상대를 속이기 위해 바람을 넣는 거라면, 칭찬은 진심으로 그 사람의 인격과 가치를 높이 평가해 장점을 이야기해 줌으로써 진보적인 삶을 살 수 있도록 부추기는 일이라 할 수 있다.

특히 이 말은 『논어』의 「학이편」과 「양화편」을 보면 공자가 거듭 말한 것으로 "교묘한 말과 아첨하는 얼굴을 하는 사람은 착한 사람이 적다."라는 말이 있다.

즉, 말을 그럴듯하게 꾸며대거나 남의 비위를 잘 맞추는 사람,

생글생글 웃으며 남에게 잘 보이려는 사람치고 마음씨가 착하고 진실된 사람은 적다는 뜻이다.

이 말을 뒤집어서 또 공자는 「자로편」에서 이렇게 말했다.

"강직 의연하고 질박 어눌한 사람은 '인'에 가깝다."

의지가 굳고 용기가 있으며 꾸밈이 없고 말수가 적은 사람은 '인(덕을 갖춘 군자)' 그 자체는 아니라고 공자는 「옹야편」에서 이렇게 말했다.

"문질 빈빈한 연후에야 군자라 할 수 있다."

즉, 형식과 내용이 잘 어울려 조화를 이루어야 군자라는 뜻이다.

교활한 얼굴로 아첨하기보다는 덕을 갖춘 군자의 모습으로 성장해나가길 바란다.

휴일 오후 주말 드라마를 시청하다 그만 너무 화가 나서 TV를 끄고 싶은 적이 있었다. 아무리 드라마라고는 하지만 그냥 보아 넘기기에는 너무 심했기 때문이다.

주인공 남자는 가진 것이라고는 몸 밖에 없는 남자였다. 이 남자는 공짜를 좋아하고 자신의 노력 없이 누군가의 힘으로 출세를 하기로 작정을 한 사람이었다. 그런 그에게 한 기업체 회장의 딸이 눈에 들어 왔다. 그는 온갖 달콤한 말과 부드러운 행동, 그리고 겉치장을 총동원하여 여자의 마음을 흔들었다. 그 과정 과정이 너무도 '교언영색(巧言令色)'하여 머리를 쥐어박고 싶은 충동을 일으키게 했다.

결국 그 남자는 재벌가의 사위가 되었다. 하지만 나를 더욱 화나게 만든 것은 기업을 손에 쥔 후로는 또 다른 여자에게 관심을 주는 그야말로 인간답지 못한 모습이었다.

권모술수
權謀術數

권세 권 | 꾀할 모 | 꾀 술 | 셈 수

세상에는 천차만별의 사람들이 살고 있다. 그러다 보니 어떤 사람은 늘 선한 일을 하면서 더불어 살아가는 삶을 유지하는데 반해 또 다른 사람들은 어떻게 해서든 사람들을 속여서 이득을 취하려고 한다.

세상이 아름다우려면 착한 일을 많이 하는 사람들, 선한 마음씨를 가진 사람들, 자신이 가진 것을 보다 많은 이들과 나누며 살고자 하는 사람들이 많아야 한다. 어쩌면 세상이 지금처럼 유지되는 깃도 착하고 선한 사람들이 그렇지 못한 사람들보다 더 많기 때문이다.

그런데 참 이런 사람들은 하루 빨리 줄어들었으면 하는 사람들이 있다. 남을 속여 자신에게 이롭게 일을 꾸미는 이른바 '권모술

수(權謀術數)'에 강한 사람들. 다른 사람은 성실하게 최선을 다하며 살아가는데 권모술수로 남을 힘들게 하고 피해를 보게 하는 사람들은 정말이지 우리 사회에서 하루 빨리 사라져야 한다.

얼마 전에 아빠 친구 중 한 분이 큰 피해를 보았다. 옷가게를 하는 아빠 친구에게 한 남자가 찾아와서 멋진 옷들을 보여 주었다. 아빠 친구는 디자인과 소재가 너무 좋아서 잘 팔리겠다는 생각에 대량 주문을 했다. 그런데 뭔가 수상했던 그 남자는 자신들이 어려운 상황이라서 옷감 살 돈이 없으니 대금의 절반은 미리 결재해 달라고 했다.

아빠 친구가 사람을 잘 믿었다. 그래서 천만 원을 송금해 주었는데 글쎄 옷은 오지 않고 나중에 수소문을 하여 찾아갔더니 그 사람은 중국 사람이었던 것이다. 이미 중국으로 돌아가고 없으니 돈을 받을 길이 없어졌다.

'권모술수'에 강한 사람들이 많으면 선량한 사람들이 피해를 보기 마련이다.

'권모술수(權謀術數)'와 같은 뜻을 가진 말로는 '권모술책(權謀術策)' 이란 말이 있는데 일반적으로 '권모술수'를 더 많이 사용한다.

무역회사를 다니고 있는 한 남자가 있었다.

항상 열심히 일을 하지만 성과는 별로 없었다. 그래서 상사에게 매일 불려가 분발하라고 잔소리를 들어야만 했다. 그러던 어느 날 그에게도 기회가 온 듯 했다. 외국에 있는 거래처에서 많은 양의 수출계약 건이 들어 온 것이었다.

그는 열심히 준비해서 이번 기회만은 잃지 않고 싶었다. 그러나 그에게 생각지도 못한 일이 일어났다. 자신과 함께 일하는 입사 1년 선배가 그 기회를 낚아챈 것이었다.

그 선배에게 수출 건에 대해 먼저 말을 하고 도움을 요청했던 것이 실수였다. 선배가 열심히 일을 도와주어 모든 일이 순조롭게 끝났지만 결과는 선배의 실적으로 올려졌다.

자신을 감쪽같이 속이고 그 일을 선배 자신이 성사시킨 것처럼 꾸몄던 것이었다. 믿고 있던 선배였기에 배신감은 더욱 컸던 그 남자는 화가 나서 참을 수가 없었다.

이전에도 유사한 일이 몇 번이나 있었던 것이다. 결국 상사에게 모든 것을 알렸다.

'권모술수(權謀術數)'에 강한 그 선배는 자신의 잘못을 시인했고 불명예스럽게 회사를 떠나고 말았다.

권선징악
勸善懲惡
권할 권 | 착할 선 | 징계할 징 | 악할 악

　'놀부'라고 하면 심술궂고, 욕심 많고, 동생 괴롭히기 좋아하는 나쁜 형의 대명사라고 할 수 있다. 반면에 '흥부'는 마음씨 좋고, 인정 많으며, 선행을 일삼는 놀부 형과 대조되는 착한 동생이란 거 알고 있을 것이다. 흥부가 제비의 다친 다리를 고쳐줘서 제비는 흥부에게 보답하기 위해 박씨를 물어다 주는데, 그 박씨가 자라 안을 들여다보니 금은보화로 가득한 이야기는 잘 알 것이다.

　'하늘노 스스로 돕는 자를 돕는다'는 말이 있듯이 항상 마음을 곱게 썼던 흥부는 하늘로부터 축복을 선물 받았다. 하지만 나쁜 짓만 일삼던 형은 결국 제비의 다리를 강제적으로 부러뜨린 후 그 제비가 물어다 준 박씨를 심으니 박 안에는 갖은 추한 것들이 다 들어 있었다. 또 갑자기 도깨비들이 튀어 나와 놀부 집안에 있

는 모든 재산을 강탈해 버리기까지 했다. 다시 말해 자신만 알고 주변 사람을 괴롭혔던 놀부는 벌을 받은 것이다. 이처럼 '흥부와 놀부' 이야기는 착한 사람은 상을 받고 악한 사람은 벌을 받기 때문에 선함을 권하고 악함을 나무란다는 '권선징악(勸善懲惡)'을 말해주고 있는 것이다.

우리 전래 동화는 '권선징악'을 상조하는 이야기가 아주 많다. '콩쥐팥쥐', '이상한 요술부채', '해님달님' 이야기 등 아마 이 전래 동화를 한 번쯤 접해 본 경험이 있을 것이다.

'권선징악'이란 말은 중국 노나라 때부터 쓰여진 말이다. 노나라 성공 14년 9월에 제나라로 공녀를 맞이하러 가 있던 교여(선백)가 부인 강씨를 제나라로 데리고 돌아왔다.

선백을 교여라고 높여서 부른 것은 부인을 안심시켜 슬며시 데리고 오기 위해서였다. 이보다 앞서 선백이 제나라로 공녀를 맞이하러 갔을 때는 선백을 숙손이라고 불렀는데, 이는 군주(君主)의 사자로 높여 부르는 방법을 사용했다.

이에 대해 군자는 이렇게 말했다.

"춘추시대의 호칭은 알기 어려운 것 같으면서도 알기 쉽고, 쉬운 것 같으면서도 뜻이 깊고, 빙글빙글 도는 것 같으면서도 정돈되어 있고, 노골적인 표현을 쓰지만 품위가 없지 않으며, 악행을 징계하고 선행을 권한다. 이는 성인이 아니고서는 누가 이렇게 지을 수 있겠는가!"

여기서 '악행을 징계하고 선행을 권한다.'는 말에서 '권선징악'이라는 말이 나온 것이다.

어제는 길을 가고 있는데 길모퉁이에서 키가 작은 녀석하고 키가 무척 큰 녀석이 싸움을 하고 있었다. 키가 작은 아이가 궁지에 몰려 맞고 있었다.

그때 한 덩치 좋은 녀석이 싸움을 말리며 키가 큰 녀석한테 이렇게 말했다.

"너보다 약하고 힘없는 애를 그렇게 때려도 돼? 앞으론 그런 행동 일삼지 마라."

키가 큰 녀석, 약간 당황한 빛을 보이더니 곧장 사과를 했다. 물론 사과를 한 이유가 덩치 좋은 녀석이 무서워서 그랬는지, 아니면 그 마음이 닿아 진심어린 사과를 한 것인지 그 속마음은 모르겠지만, 어찌되었든 그 덩치 좋은 녀석은 키가 큰 녀석에게 악을 책망하고 선을 권한 것이다. 즉 '권선징악 (勸善懲惡)'을 일러준 것이다.

기상천외
奇想天外

기이할 기 | 생각할 상 | 하늘 천 | 바깥 외

연미가 학교에 갔다 와서 마술 동아리에 가입했다고 말했다. 동생 연희와 가족들은 모두 깜짝 놀랐다. 마술 동아리가 여러 학교에 생겼다는 말은 들었지만 연희네 집까지 마술이 영향을 미치게 될 줄은 꿈에도 생각지 못했기 때문이다.

연미는 카드를 가지고 오더니 아빠에게 주문을 거는 시늉을 했다.

"자, 이제 아빠가 생각하는 카드는 저에게도 보이게 되어 있습니다."

연희의 눈에는 연미가 이제 갓 동아리에 가입해서인지 조금 어설퍼 보였다. 그런데 신기하게도 연미는 아빠가 골라 놓은 카드가 무엇인지 딱 알아맞히는 것이다.

"제법인데!"

연희의 엄마와 아빠는 연미의 마술에 감탄사를 보냈다. 샘이 많은 동생이 가만히 두고 볼 수는 없었다.

"별로 기발하지도 않은데 뭘. 그거 텔레비전에서 나오는 마술사들 다 하는 거잖아. 조금만 배우면 다 하는 거 아냐?"

연미는 연희를 노려보더니 카드를 가지고 들어가 버렸다.

이튿날 연미는 가족들을 불러 놓고 말했다.

"'기상천외(奇想天外)'한 마술을 보여 드리겠습니다."

보통으로는 짐작도 할 수 없을 만큼 기발하고 엉뚱한 마술을 보여준다니 대체 어떤 것인지 가족들은 궁금했다.

연미는 커다란 망토를 가지고 연희에게 다가갔다. 연희는 '오늘은 또 무슨 수작이지?' 생각하며 뒷걸음질쳤다. 연미는 엄마와 아빠에게 보여줄 마술을 공개했다.

"이 마술은 우리 연희를 사라지게 하는 마술입니다. 사라진 연희는 어디로 갈까요?"

연희는 슬슬 긴장이 되었다. '그건 텔레비전에서도 제일 잘하는 마술사만 하는 건데. 정말 내가 사라지는 건 아니겠지?'

엄마와 아빠가 박수를 치자 연희는 도망갈 수도 없었다. 연미는 망토를 연희에게 씌우더니 알아듣지 못하는 주문을 읊어댔다. 그리고 주문이 끝나자 망토를 벗겼다. 연희는 그 자리에 똑같이 서 있는 자신을 보고 그제야 긴장이 풀렸다. 그런데 연미가 엄마와 아빠에게 말하는 게 이상했다.

"자, 보셨죠? 연희가 어디로 갔을까요?"

그러자 엄마, 아빠가 또 환호성과 함께 박수를 쳤다. 연희는 엄마, 아빠에게 고함을 질렀다.

"무슨 박수를 치고 그래? 나는 이렇게 그대로 있는데."

그런데 엄마, 아빠는 연희의 말을 들은 척도 안하고 연미에게 물었다.

"연희는 어디로 보냈니?"

연희는 자신이 사라지지 않았다고 주장하다가 끝내 울음을 터뜨렸다. 그리고 연미에게 사정했다.

"정말 내가 안 보이는 거야? 어떻게 해야 돼?"

엄마와 아빠, 그리고 연미는 연희를 보고 웃기 시작했다. 연미는 연희에게 말했다.

"왜 그러게 언니가 하는 일에 트집을 잡고 그러셔? 또 그러면 내가 진짜 기상천외한 마술을 배워 와서 너를 혼내 줄 거야."

이럴 때

　얼마 전에 개최된 모터쇼에는 세계 각국에서 많은 자동차들이 출품되어 그 자태를 뽐냈다. 3일 동안 무려 100만 명이 넘는 사람들이 모터쇼에 입장해 첨단 자동차 기술의 변화를 지켜보았다. 모터쇼는 자동차 자체의 기발함은 물론이거니와 기술을 소개하는 방법에서도 '기상천외(奇想天外)'한 방법을 동원해 사람들의 이목을 끌고자 애쓰는 모습을 보여 주었다.

　자동차를 여러 부분으로 분해해 각 부분의 움직임을 보여 주는가 하면, 자동차의 몸체를 들어내고 내부 시스템이 움직이는 모습을 보여 주기도 했다.

　특히 신기술과 새로운 디자인을 적용한 20여 대의 컨셉트카와 10여 대의 친환경 자동차, 그리고 독자 디자인 자동차는 기존 자동차의 고정관념을 깨는 기상천외함으로 자동차 매니아들의 눈을 자극했다.

동병상련
同病相憐
한가지 동 | 병들 병 | 서로 상 | 불쌍할 련

할머니 : 아~~ 나의 고향땅은 언제쯤 다시 밟을 수 있을까?

손녀 : 할머니 또 북쪽 바라보면서 우는 거야?

할머니 : 울긴 무슨…… 너처럼 이 할미에게도 소중한 가족이
있었단다. 그 가족들이 너무 보고 싶어서 그러는 거란다.

이웃집 할머니 : 또 청승맞게 먼 산 바라보고 있는 거여?

할머니 : 아이구, 언능 들어오시게나. 북녘에 안개가 자욱이 낀
것이 고향 생각을 더욱 절실하게 만드네.

이웃집 할머니 : 그러게. 나도 사실 오늘따라 북쪽 땅에 있는 가
족 생각이 더 절실하게 나 할멈을 찾아온 거라우.

손녀 : 그럼 할머니도 우리 할머니처럼 고향이 북한인 거예요?

이웃집 할머니 : 그렇단다. 6·25 전쟁 때 동생하고 둘만 피난을

내려오게 되었지.

손녀 : 그럼 할머니도 아픔이 크시겠어요.

이웃집 할머니 : 그렇지. 너희 할머니와 같은 아픔을 갖고 있기
　　　　　때문에 우리 둘은 서로 '동병상련'을 느낀단다.

손녀 : 할머니 '동병상련'이 무슨 뜻이에요?

할머니 : '동병상련'이란 같은 아픔을 겪은 사람끼리 그 처지를
　　　　　이해하고, 서로 가엾게 여기는 마음이란다.

손녀 : 그래서 동생 많은 진희보다 나처럼 동생 없는 영숙이한
　　　　　테 마음이 더 갔던 거였구나.

할머니 : ?

이웃집 할머니 : ???

'동병상련(同病相憐)'은 같은 처지에 있는 사람들끼리 아픔을 나
누어 가져 아픔의 수치를 낮추는 것이다.

'동병상련'은 『오월 춘추』에 실린 고사성어다. 중국 춘추전국
시대의 초나라 사람인 오자서는 역적의 누명을 쓰고 아버지와 형
을 잃게 되자 초나라를 버리고 오나라로 망명했다.

오나라로 간 오자서는 오나라의 공자인 광을 도와 왕위에 오르
게 되었다.

이 무렵 초나라 사람인 백비가 오자서를 찾아왔다. 그 역시 역
적의 누명으로 아버지를 잃고 오나라로 망명을 온 사람이었다.

오자서는 백비를 왕에게 천거하여 대부라는 벼슬에 오르게 하였다. 그러자 대부 벼슬이던 피리가 오자서에게 물었다.

"당신은 어찌하여 처음 본 사람을 무조건 믿고 나와 같은 벼슬을 주는 것입니까? 나는 오랜 노력 끝에 대부의 벼슬에 올랐는데요."

그러자 오자서는 담담하게 이렇게 대답했다.

"백비는 나처럼 초나라에서 아버지를 잃었습니다. 처지가 비슷한 사람이 누구보다 이해를 잘하는 법이지요."

이렇게 어려운 처지에 있는 사람끼리 서로 가엾게 여기는 것을 '동병상련'이라고 한다.

참, '동병상련'과는 조금 의미가 다르지만 연관 지어 생각해 볼 수 있는 고사성어가 있다. '오월동주(吳越同舟)'라는 말이 있는데 사이가 나쁜 오나라 사람과 월나라 사람이 한 배에 타고 있다라는 뜻으로, 서로 미워하면서도 공통의 어려움이나 이해에 대해서는 협력하는 경우를 비유할 때 쓰는 말이다.

추운 겨울 어느 날 여고 3년생인 두 여학생이 교실에서 서로 어깨를 부둥켜안고 울고 있었다. 마침 복도를 지나가던 담임선생님이 두 사람의 우는 모습을 발견하고는 이유를 물었다.

그러자 한 여학생이 말했다.

"방금 전 전화로 연락해 봤는데 불합격이랍니다. 선생님, 저 열심히 했잖아요. 그런데 왜 불합격인지 모르겠어요."

또 다른 여학생도 울먹이며 말했다.

"선생님, 저도 떨어졌어요. 선생님이 합격할 거라고 하셨잖아요. 전 어쩌면 좋아요."

선생님으로서는 마땅히 할 말이 없었다. 둘 다 성실하고 열심히 공부했던 반 아이들인데 대입시험에서 둘 다 불합격을 한 것이었다. 선생님은 입을 열었다.

"얘들아, 사람에게는 운이라는 것도 있단다. 너희 둘 다 우수한 실력인 걸 선생님은 인정해. 다음 기회에는 꼭 합격할 테니 너무 실망하지 마. 게다가 너희는 '동병상련(同病相憐)'을 함께 할 친구들이 있잖니. 2차에는 꼭 합격할 거라는 희망을 갖자."

그러고 보니 두 사람은 같은 문제로 가슴이 아픈 상황에서 서로 의지하면서 아픔을 달래주고 있었던 것이다.

동상이몽
同床異夢

같을 동 | 평상 상 | 다를 이 | 꿈 몽

같은 환경에서 같은 일을 하고 같은 공부를 하는 사람들인데도 서로 생각은 매우 다른 경우를 종종 볼 수 있다. 예를 들면 A라는 친구는 공부를 하는 이유가 먼 훗날 대학교수가 되어 자신의 지식을 후손들에게 전달해 주고자 하는데 있지만 B는 다르다. 그는, 공부는 부모님이 하라고 하니까 어쩔 수 없이 하는 것이며, 졸업장을 취득하여 그것을 이용해 적당한 자리에 취업이나 하려는 거였다.

이뿐만이 아니다. 한 집에 사는 부부지만 남편은 둘째 아이가 딸이었으면 하는 바람이 간절하지만 아내는 이번만큼은 제발 아들이었으면 하니 부부가 서로 다른 생각을 갖고 있다. 이러한 경우를 가리켜 '동상이몽(同床異夢)'이라고 한다. '동상이몽'은 같은

잠자리에서 잠을 자지만 서로 다른 꿈을 꾼다는 뜻이다. 다시 말해 서로 같은 처지에 있으면서도 생각이나 이상이 다르거나 겉으로는 함께 행동하면서 속으로는 다른 생각을 갖는 것을 말한다.

여기서 말하는 '상(床)'은 평상 또는 잠자리를 가리키는데 예로부터 침대를 써 왔던 중국에서는 나무로 다리를 세우고 그 위에 널빤지를 대어 잠자리로 이용하였다. 그래서 이를 '상(床)'이라고 했다.

이 '상(床)'이라는 글자가 들어간 다른 것을 살펴보면, 잠자리에서 일어나는 것을 기상(起床)이라고 하고, 병자가 앓아누운 자리를 가리켜 병상(病床)이라고 한다.

가난한 집안에 두 아들이 있었다. 큰 아들은 아침부터 논과 밭에 나가 열심히 일을 했지만, 둘째 아들은 게을러서 일하는 것을 무척 싫어했다. 큰 아들은 열심히 일하면서 언젠가는 꼭 성공하겠다는 생각을 갖고 밤에는 공부를 열심히 했다. 그러나 둘째 아들은 항상 일할 생각은 안하고 어떻게 하면 놀 수 있을까와 복권당첨이나 돼서 편안하게 살았으면 하는 상상만으로 시간을 보냈다.

한 마디로 두 사람의 모습은 '동상이몽(同床異夢)'이었던 것이다. 세월이 흘러 두 아들이 장성하게 되었는데 첫째 아들은 자신이 노력한 대로 돈 많은 큰 상인이 되었고, 헛된 상상만 하던 작은 아들은 결국 거지처럼 살게 되었다.

마이동풍
馬耳東風

말 마 | 귀 이 | 동녘 동 | 바람 풍

대화를 할 때 한 사람은 열심히 말하는데 상대방이 듣는 둥 마는 둥 하면서 얼토당토한 대답을 하면 말하는 사람은 매우 화가 날 것이다.

엄마와 아들의 대화를 한 번 보자.

엄마가 아들에게 물었다.

"중간고사 끝난 지가 한참 됐는데 이번 중간고사 성적표 안 보여주니?"

그러자 아들이 하는 말은 전혀 다른 얘기였다.

"엄마 학원 수강증은 지난번에 보여드렸는데요."

엄마는 화가 났다.

"엄마는 성적표를 왜 안 보여주느냐고 물었어."

그러자 아들은

"그거 보면 뭘 해요? 이미 점수는 다 알고 있는데. 참 엄마! 나, 오늘 피자 좀 사주세요. 한동안 먹지 않았더니……,"

엄마의 말에 아들은 전혀 다른 입장에서 엉뚱한 말만 할 때 우리는 '마이동풍(馬耳東風)'이라는 말을 쓴다.

'마이동풍'이란 따뜻한 봄바람이 불면 사람들은 기뻐하는데 말의 귀는 봄바람이 불어도 전혀 느끼는 낌새가 없다는 뜻이다. 우리 실생활에서는 주로 남의 의견이나 충고의 말을 귀담아 듣지 않고 흘려버리는 태도를 말하는 것이다.

우리나라 속담에 '소귀에 경 읽기'와 같은 뜻이다.

'마이동풍'이라는 고사성어는 이백의 시 가운데 장평인 '답왕십이한야독작유회(答王十二寒夜獨酌有懷)' 중에 나오는 말이기도 하다. 이 시에서 이백은 다음과 같이 말했다.

"세상 사람들은 우리가 지은 시부를 들어도 고개를 가로저으며 들으려 하지 않으니, 마치 봄바람이 말의 귀에 부는 것과 같다."

즉, 세상의 모든 사람들이 자기의 시를 들으면 모두 머리를 흔들 것이며, 마치 한가한 동풍이 말의 귀를 쏘는 것처럼 가렵거나 아프지도 않으리라는 말이다.

이백이 한 이 말이 점차로 광범위하게 뜻을 넓혀가며, '마이동풍'은 여러 측면에서 남의 말을 듣는 척도 안 할 경우 일상생활 속에서 널리 사용되고 있다.

이럴 때

하루는 담임선생님께서 화가 나셔서 들어오셨다. 우리는 영문을 몰라 서로 얼굴만 쳐다봤다. 그러자 선생님은 조금은 격앙된 목소리로 말씀하셨다.

"너희들은 대체 무슨 생각을 갖고 학교생활을 하는 거야. 아무리 말을 한들 무슨 소용이 있어. 이건 '마이동풍(馬耳東風)'이야. 내가 말했지. 청소 시간에는 청소 빨리 끝내고, 자리에 앉아 그날 배운 공부 복습이라도 하라고. 그런데 대체 오늘도 무엇 때문에 삼삼오오 몰려다니면서 웃고 떠든 거야? 오늘이 무슨 날인 줄 알아. 바로 옆 반 친구가 병원에서 안타깝게도 죽은 슬픈 날이란 말이야. 5반 아이들은 다들 조용한데 너희들은 뭐가 그리 신이 나서 떠들고, 웃으며 돌아다니는 거야! 중학교 3학년이면 말귀를 알아들어야 될 것 아니야! 평소에 실내정숙이 생활화되었다면 오늘 같은 날 설령 너희가 그 친구의 죽음을 모른다 하더라도 조용히는 있었을 것 아니야. 선생님들 사이에 소문이 났어요. 3학년 4반이 가장 시끄럽다고!"

선생님이 화가 나실 만도 한 일이었다. 우리는 늘 선생님의 '실내정숙' 하라는 주의를 들었음에도 불구하고 '마이동풍' 격이었던 것이다.

무위도식
無爲徒食
없을 무 | 할 위 | 무리 도 | 먹을 식

　가끔씩은 매일같이 반복되는 학교생활이나 공부에서 벗어나고 싶다는 생각이 들 때가 있다. 어른이 되면 공부만 하면 다른 걱정은 하지 않아도 됐던 학창시절이 그리워진다. 하지만 학생일 때는 학교나 집밖의 세상에 대해서 많은 것을 알지 못하기 때문에 단순히 갑갑한 자신의 현실로부터 벗어나고 싶어진다. 특히 청소년 시기에는 더욱 그렇다. 해야 하는 것과 하지 말아야 하는 것들이 마치 구속이나 속박처럼 느껴지기 때문이다.

　"게임 하지 마라.", "흡연 하지 마라.", "시험공부 해라.", "영어, 수학 점수를 올려라." 등등. 부모님이나 선생님으로부터 "잘했다.", "대단하다."라는 말보다는 "해라." 또는 "하지 마라."는 말을 자주 듣다 보면 빨리 학교를 졸업하고 사회에 나가 돈을 벌겠다는 생각을 갖기도 한다. 하지만 중학교나 고등학교만 졸업하고 사회에 나가 돈을 번다는 것은 그리 쉬운 일도 아니다.

특히 대학교나 대학원을 졸업한 고학력자들의 실업률이 높은 편이다. 이 때문에 하는 일 없이 '무위도식(無爲徒食)'하는 사람들이 무척 많다. 아무 일도 하지 않고 먹고 노는 사람들을 두고 '무위도식'한다고 한다. 어른들이 종종 '노는 것도 하루 이틀이지, 힘이 들어도 노는 것보다는 일하는 게 훨씬 낫다.'라는 말을 하곤 한다. 사실 아무것도 하지 않고 놀기만 하는 것처럼 지루하고 따분한 것은 없다. 남들은 다 열심히 일하는데 하루 종일 혼자서 비디오 보고, 잠이나 잔다고 생각해 봐라. 며칠은 그런 대로 보낼 만하지만 날이 갈수록 힘이 든다.

한 달, 두 달을 넘어 1년, 2년 이렇게 오랫동안 일없이 무의미한 시간을 보내다 보면 삶의 의욕도 없어지고 왜 살아야 하는지조차 모르게 된다. 그러니 공부든 일이든 무엇이든 간에 자신이 해야 할 것이 있다는 것은 얼마나 행복한 일인지 모른다. 혹시라도 그동안 '어휴! 학교 안 다니고 공부 안하고 놀았으면 좋겠다.'는 생각을 했던 적이 있다면 이제부터는 하지 말길 바란다. 아무것도 할 일이 없는 사람은 참으로 슬픈 사람이다.

　일을 할 생각은 안하고 매일 집안에서 컴퓨터로 게임만 하면서 지내는 형식이. 형식이는 정말 컴퓨터 앞에만 앉아 있으면 다른 것은 아무것도 생각하지 않았다.

　그런 아들의 모습이 걱정스러운 부모님께서 하루는 형식이를 불렀다.

　"형식아, 이젠 너도 직장을 얻어서 일을 해야 되지 않겠냐?"

　그랬더니 형식이 하는 말.

　"저 이런 생활이 좋아요. 컴퓨터를 하면서 그냥 이렇게 지낼 거예요. 밥은 부모님께서 먹여 주시잖아요."

　한 마디로 형식이는 '무위도식(無爲徒食)' 하겠다는 것을 마치 자랑스럽게 말한 것이다. 이런 형식이를 보는 부모님의 심정은 정말이지 한스러웠을 일이다.

부화뇌동
附和雷同

붙을 부 | 화할 화 | 우레 뇌 | 한가지 동

어제는 학교 대청소 날이었다. 우리 반에서는 3층 화장실을 청소하기로 했다. 수업 시간이 끝나고 담임선생님이 들어오셨다.

"오늘 선생님은 집에 사정이 생겨서 일찍 들어가 봐야겠다. 오늘 학교 대청소 날인 거 알고 있지?"

"예!"

"선생님이 오늘 감독을 못하니까 너희들이 더 깨끗이 해야 한다. 알겠지?"

"예!"

선생님은 반장에게 그날 할 일을 지시하고 교실을 나가셨다. 반장은 교실 앞에 나가 반 아이들에게 일을 분담시켰다. 변기 청소, 물 청소, 바닥 청소 등을 나누고 있을 때였다. 제일 뒷자리에 앉아 있던 영석이가 벌떡 일어나더니 반장에게 말했다.

"반장! 오늘은 앞줄에 있는 사람들이 청소하고 다음에는 뒷줄에 있는 사람들이 청소하기로 하자. 내가 오늘 좀 바쁜 일이 있어서 말이야."

영석이는 처음부터 청소할 생각이 없었던 것 같다. 평소에도 청소는 나 몰라라 하는 아이였다. 영석이가 워낙 싸움을 잘하는 데다 영석이가 학교에 빠지지 않고 나오는 것이 그나마 다행이란 생각이 들 정도이니 지금까지 으레 그러려니 했다.

그런데 어제는 분위기가 심상치 않았다. 영석이가 반장에게 말하자 뒷줄에 있는 아이들이 환호성을 지르며 박수를 치고, 책상까지 두드렸다.

"그래 반장, 다음에는 우리들이 청소할게."

교실은 금새 어수선해졌다. 반장이 우물쭈물 하다가 무슨 말을 하려고 할 때였다. 영석이가 가방을 들더니 교실을 나가 버리고 말았다. 영석이 옆에 있는 친구들도 따라 나가고, 눈치를 보고 있던 뒷줄의 아이들도 '부화뇌동(附和雷同)'해서 하나 둘 따라 나가버렸다. 반장이 말려보았지만 소용이 없었다.

"나음번엔 우리가 청소한다니까."

뒷줄의 아이들이 다 나가버리자 앞줄의 아이들도 청소할 마음이 싹 가시고 말았다.

힘 좀 쓴다는 지훈이가 반장에게 말했다.

"반장! 애들 다 가게 놔두면 어떻게 해? 나도 청소 못하겠어."

지훈이도 가방을 들고 교실을 나가버렸다. 그러자 앞줄에 있던 몇 명이 또 우르르 따라 나갔다. 나도 눈치를 보다가 신나게 집으로 와 버렸다. 오늘 아침에 들은 얘긴데, 끝내 교실 안에는 힘없는 아이들 몇 명만 남았다고 한다. 반장도 결국 오늘 청소를 히기로 하고 남은 아이들과 함께 집으로 돌아갔다.

오늘 아침 선생님께서는 무서운 얼굴을 하고 들어오셨다.

"오늘 끝나면 한 놈도 가지 말고 있어."

선생님은 그 한 마디만 하시고 교실을 나가 버리셨다. 교무회의에서 날벼락을 맞으신 게 틀림없었다. 방과 후에 어떻게 되었을까? 지금 막 집에 들어왔는데 앉아 있기조차 힘이 들 정도다. 오리걸음으로 운동장을 돌다 보니까 엉덩이로 운동장 청소를 하게 되었다. '부화뇌동(附和雷同)'하지 않고 화장실 청소하는 게 100배는 편했을 거란 생각이 든다.

 몇 달 전이었다. 우리 가족은 저녁을 먹은 후 TV 앞에 모여 앉아 과일을 먹고 있었다. 저녁 뉴스 시간이었는데, 아나운서가 전 세계적으로 금값이 많이 오르고 있다고 보도했다. 금을 사서 많은 돈을 벌게 되었다는 사람의 인터뷰도 TV 화면에 잡혔다.

 부모님은 뚫어져라 TV 화면을 보시면서 금 이야기를 나누셨다. 이튿날 부모님은 금으로 만든 거북이를 보시며 흐뭇한 표정을 지었다. 뉴스에서 금값이 오른다고 하니까 투자를 하신 모양이었다.

 그런데 며칠 전 아버지가 퇴근하고 오셔서 어머니에게 물었다.

 "그래 금 거북이는 팔았어?"

 "예, 그새 금값이 그렇게나 떨어지다니. 남들 따라 '부화뇌동 (附和雷同)'하다가 손해만 봤지 뭐예요."

 그날 저녁 뉴스를 보시던 아버지와 어머니는 대화를 나누셨다.

 "우리 금 거북이 판 돈으로 주식이나 사 볼까요?"

 "또 '부화뇌동' 하려고? 잘 알아보지도 않고."

 부모님은 마주보며 빙긋 웃으셨다.

사면초가
四面楚歌
넷 사 | 낯 면 | 초나라 초 | 노래 가

상호와 민석이는 중학교 시절 가장 친한 단짝이었다. 그러다 고등학교에 진학하면서 각기 다른 학교에 배정을 받았다. 상호네 학교는 다행히 머리카락 길이에 관대한 편이었다. 교복을 단정히 입고, 학생답다 싶으면 다소 길다 싶은 머리도 허용되었다.

민석이네 학교는 사정이 많이 달랐다. 두발이 좀 길다 싶으면 가벼운 벌서기는 기본이고, 몇몇 선생님은 가위를 들고 다니며 머리카락을 싹둑 자르기도 한다는 것이다.

그런데 민석이는 중학교 때부터 다소 긴 머리를 좋아했다. 또 긴 머리가 잘 어울렸다. 같은 남자인 상호가 보기에도 머리 기른 모습이 좋아 보였다. 민석이는 학교의 지침에도 불구하고 머리카락을 짧게 자르기가 아쉬웠다. 중학교 때보다는 조금 짧았지만 여전히 다른 친구들보다 긴 머리를 하고서 학교에 다니고 있었다.

민석이네 학교의 사정은 상호도 잘 알고 있었다. 상호가 민석이를 볼 때면 놀림 반, 진담 반으로 민석이를 걱정했다.

"너 아직까지 머리 말짱하구나. 용케 잘 버티네."

불행 중 다행이랄까? 민석이네 담임선생님은 학생들 용모에 거의 신경을 쓰지 않는 편이었다. 어쩌다 한 번 "머리가 많이 길다. 생활지도부 선생님한테 걸려 혼나고 싶지 않으면 알아서 깎아라." 하고 아이들을 걱정할 뿐이었다.

민석이가 경계하는 선생님은 생활지도부 선생님과 체육 선생님이었다. 체육 선생님은 머리카락 긴 학생이 지나가면 어김없이 벌을 세웠다.

특히 '가위의 전설'이라 불리는 생활지도부 선생님은 가위를 들고 다니며 민석이처럼 머리 긴 아이들을 전전긍긍하게 만들었다. 민석이의 같은 반 친구 몇 명은 벌써 머리카락에 가위질을 당하고 짧은 머리로 바뀌고 말았다.

민석이는 화장실에 갈 때가 가장 걱정이었다. 쉬는 시간에는 어떻게든 교실에서 나가지 않으려고 노력했다. 그렇게까지 하면서 학교 규정에 따르지 않을 이유가 있느냐고? 글쎄, 민석이는 자신의 스타일이 중요했으니까. 오히려 중학교 때보다는 머리카락이 짧아졌으니 민석이로서도 최선을 다했다고 생각했다.

그러던 어느 날, 학교 수업을 거의 마쳤을 때였다.

'오늘도 무사히 지나갔구나.'

민석이는 안도했다. 그런데 갑자기 화장실에 가고 싶었다. 한 시간만 참으면 집에 갈 시간인데. 어쩔 수 없이 화장실로 달려갔다.

민석이가 화장실에 갔다 나와 교실로 돌아가는데 멀리서 체육 선생님이 걸어왔다. 머릿속에서 경보음이 울린 민석이는 화장실에 들어가 숨어 있다 나오기로 했다. 그래서 발걸음을 돌려 뒤로 돌았는데 생활지도부 선생님이 화장실에서 나와 민석이가 있는 방향으로 오고 있었다.

민석이는 그야말로 오도 가도 못하는 '진퇴양난(進退兩難)'이요, '사면초가(四面楚歌)', '고립무원(孤立無援)'에 빠지고 말았다.

우리 아빠는 엄마에게 꼼짝도 못하신다. 아빠는 엄마와 부부 싸움을 하다가도 엄마가 "뭐야?" 하고 한 마디 하시면 TV를 보면서 딴청을 피우거나, 다른 이야기로 말을 돌리기가 일쑤이다. 아빠 월급은 몽땅 통장으로 입금되는데, 아빠는 엄마가 주는 용돈이 모자라시는 것 같다. 한번은 엄마 지갑에서 얼마를 몰래 빼서 쓰셨다. 사실 엄마는 건망증이 좀 있어서 가끔 "지갑에 돈이 이것 밖에 없었나?" 한 적이 많다. 그런데 그날은 엄마가 정확히 돈을 세 두었는지, 나와 동생을 불러 놓고 누가 돈을 가져갔냐고 다그치셨다. 나는 동생을 의심했는데 동생이 뜻밖의 말을 했다.

"아빠가 엄마 지갑 만졌어요."

나라면 그 장면을 보았어도 엄마에게 말하지 않았을 텐데. 동생은 아직 어려서……. 아빠가 퇴근해 돌아오시고 엄마는 아빠에게 지갑 얘기를 하더니 큰 소리로 화를 내셨다. 아빠는 원망스럽게 동생을 빤히 쳐다보시다가 할머니에게 눈을 돌렸다. '엄마 도와주세요.' 하는 눈빛으로.

그러자 할머니가 말씀하셨다.

"책임지지 못할 일을 왜 하나? 혼이 나도 싸지."

아빠는 '사면초가(四面楚歌)'의 신세가 되고 말았다.

순망치한
脣亡齒寒

입술 순 | 망할 망 | 이 치 | 찰 한

진수는 요즘 친구 기훈에게 부쩍 많은 신경을 쓰고 있다. 어떤 날은 엄마에게 기훈이와 햄버거를 사먹게 돈을 달라고 하기도 하고 학용품을 살 때는 두 개를 사달라고 한다. 진수가 이러는 데는 다 이유가 있다.

기훈네 아빠는 사업을 했다. 직원이 100명도 넘는 큰 공장을 갖고 있었으니까 매우 잘 되는 회사의 사장님이셨나. 사업이 번창해서 진해와 중국에 큰 공장을 세우셨다. 그런데 생각지도 않았던 일이 벌어졌다.

중국 공장에 불이 나서 기계와 제품이 모두 탔고, 거기다 사람도 두 명이나 죽는 어처구니없는 사고가 발생했다. 불은 전기 누전으로 인해 발생한 거지만 어찌됐든 사장인 기훈 아빠가 모든 책임을 져야 했다.

그 때문에 한국에 있는 공장까지 다 팔아야 했으니 기훈네 경제 사정이야 불을 보듯 뻔한 일이었다.

아무런 걱정 없이 살던 기훈 엄마는 매일같이 이곳저곳으로 돈 구하러 다닐 정도다. 심지어 기훈이네 큰아빠가 은행 융자 받을 때 보증을 서 주었는데 그걸 못 갚자 은행에서 기훈이 큰아빠네 집을 경매로 넘겼다.

상황이 이 정도니 기훈이가 예전처럼 먹고 싶은 거, 하고 싶은 것을 다 할 수 없었다. 풀이 죽어서 늘 말도 없이 고민에 가득 찬 얼굴이었다. 때문에 진수가 둘도 없는 친구인 기훈에게 각별히 신경을 쓰게 된 것이다.

사정 이야기를 들은 진수 엄마는 혼잣말로 이렇게 말씀하셨다.

"'순망치한(脣亡齒寒)'이라더니. 그 말이 맞네. 큰아빠라도 괜찮아야 도와줄 텐데 두 집 다 망하게 생겼으니 참으로 안 된 일이다."

'순망치한'이란 '입술이 없으면 이가 시리다'는 말로, 입술과 이의 관계처럼 결코 끊어서는 안 되는 관계를 가리키는 말이다. 더 쉽게 말하면 가까운 사이에 있는 하나가 망하면, 다른 한편도 그 영향을 받아 온전하기 어렵다는 뜻이다.

그런데 이 말의 유래는 『춘추좌씨전』의 희공 5년조에 나오는 말인데, 춘추시대 말엽, 진나라 헌공은 괵나라를 공격할 야심을 품고, 통과국인 우나라 우공에게 그곳을 지나도록 허락해 줄 것을 요청했다. 그러자 우나라의 현인 궁지기(宮之奇)는 헌공의 속셈을 알고 우왕에게 이렇게 말했다.

"괵나라와 우나라는 한 몸이나 다름없는 사이라 괵나라가 망하면 우나라도 망할 것이옵니다. 옛 속담에도 수레의 짐받이 판자와 수레는 서로 의지하고[輔車相依], 입술이 없어지면 이가 시리다[脣亡齒寒]고 했습니다. 그러하오니 우리가 길을 비켜줄 수는 없는 일입니다."

이런 훌륭한 신하의 말에도 불구하고 우왕은 뇌물에 눈이 어두워 궁지기의 말을 듣지 않았다.

결국 궁지기는 후환이 두려워 "우나라는 올해를 넘기지 못할 것이다."라는 말을 남기고 가족과 함께 우나라를 떠났는데 진나라는 궁지기의 예견대로 그 해 12월에 괵나라를 정벌하고, 돌아오는 길에 우나라도 정복하고 우왕을 사로잡았다.

'순망치한'이란 말은 어렵긴 해도 의미가 대단한 말이다. 동의어로 '순치지국(脣齒之國)', '순치보거(脣齒輔車)'라는 말이 있다. 그리고 비슷한 말로는 '조지양익(鳥之兩翼)', '거지양륜(車之兩輪)'이라는 말도 사용한다.

어느 날 직장에 다니는 막내 삼촌이 집에 오셨다. 그런데 막내 삼촌의 표정이 매우 어두워 보였다. 평소에는 늘 즐겁게 웃고 큰 소리로 말하는 삼촌은 무언가 근심 걱정이 있는 사람처럼 보였다. 아니나 다를까. 저녁을 먹은 후 막내 삼촌은 아버지에게 이렇게 말했다.

"형님 직장 생활을 계속한다는 것은 한계가 있는 것 같습니다. 그래서 말인데 작은 사업을 해볼까 합니다. 모아 놓은 돈이 얼마 안 되니 은행융자를 얻어야 하는데 그게 쉽지가 않네요. 보증을 서 줄 사람이 필요한데 작은 형님은 집에 없으니 큰형님이 대신 좀 도와주십시오."

그러나 아버지는 생각이 달랐다. 그리고 엄하게 꾸짖듯이 말씀하셨다.

"네가 사업을 하는 것은 좋은 일이란다. 하지만 작게 시작해서 크게 키우는 방법을 선택하는 것이 좋을 듯싶구나. 내가 보증을 서 주어서 잘되면 좋지만 사업이 뜻대로 안 될 경우에는 너도 망하고, 나도 망한다. 나는 아버님 어머님을 모시고 있기 때문에 그나마 남은 유일한 재산인 이 집마저 날아가는 날에는 큰일이란다. 그러니 규모를 줄여서 시작하거라. '순망치한(脣亡齒寒)'이라는 말이 있지 않니. 둘 중 누구 하나라도 잘되어서 도와줄 수 있는 길을 찾아야지 같이 힘들면 안 되잖니?"

아비규환

阿鼻叫喚

언덕 아 | 코 비 | 부르짖을 규 | 부를 환

2001년 9월 11일 미국 뉴욕주 뉴욕시에서 엄청난 사건이 발생했다. 그건 바로 미국뿐만 아니라 세계를 테러의 공포 속으로 몰아넣었던 9·11테러 사건이다. 대형 여객기를 공중에서 납치하여 세계에서 가장 높은 국제무역센터 빌딩으로 돌진해 충돌시켰다. 당시 이 사건을 TV를 통해 지켜보고 있던 전 세계 사람들은 경악을 금치 못했다. 영화에서나 나올 법한 그런 장면이었기 때문이었다. 커다란 빌딩이 불길에 휩싸이고 위태롭게 서 있는 모습을 보면서 마지막에 커다란 빌딩이 무너져 내리면서 일으키는 폭풍과 그것을 피해서 달아나는 사람들의 모습을 보면서 모든 사람들이 이렇게 말을 했다.

'생지옥이군. 아비규환(阿鼻叫喚)이 따로 없네.'

여기서 말하는 '아비규환'은 차마 눈뜨고 보지 못할 모습이나 상태를 뜻한다. '아비(阿鼻)'와 '규환(叫喚)'이라는 두 개의 단어가 연결되어 새로운 뜻이 되었는데 모두 불교용어로써 '지옥'을 뜻하는 말이다. '아비'는 불교 8대 지옥 중 제일 아래에 있는 지옥으로 '무간지옥(無間地獄)'이라고도 한다. 또 '규환'은 8대 지옥 중 4번째 지옥을 말한다. 지옥은 상상만 해도 무섭고, 두려운 곳이다. 그렇듯 지옥에서 고통을 받는 것처럼 현세에서는 차마 볼 수 없는 그런 고통스러운 모습들을 표현할 때 사용한다.

진규네 집은 일반 주택들이 많은 주택가에 자리 잡고 있었다. 어느 날 집 가까운 곳에서 '꽝' 하는 커다란 굉음이 들려왔다. 그러자 온 동네 사람들이 모두 집에서 뛰어 나와 굉음이 난 곳으로 달려갔더니 한 집에서 가스 폭발 사고가 난 것이었다.

가스 폭발로 집에 있는 유리창이란 유리창은 모두 산산조각이 났고 집은 불타고 있었다. 집안에는 아직 사람이 있는 것 같았다. 요란한 사이렌 소리를 내며 소방차가 집 앞 도로를 막고 소방관 아저씨들이 차에서 내려 열심히 달려오고 있었다. 소방관 아저씨들이 불이 난 집으로 뛰어 들어가서 집안에 있는 사람들을 구해 냈고 불도 거의 다 껐을 때 그것을 지켜보고 있던 사람들이 격려의 박수를 보냈다. 모든 것이 마무리되어 갔고 사람들은 하나 둘씩 자신의 집으로 돌아가면서 이구동성으로 이렇게 말했다.

'너무 참혹하다. '아비규환(阿鼻叫喚)'이 따로 없군. 저 사람들 이제 어떻게 살아가냐?'

어부지리
漁父之利

고기잡을 어 | 아비 부 | 갈 지 | 이로울 이

내 동생은 나와 한 살 차이인데 나를 거의 언니 취급하지 않으려고 한다. 기분이 좋거나 부탁할 일이 있으면 마지못해 언니라고 하지만 평상시에는 "야, 이혜영!" 하고 이름을 불러대는 게 예사였다.

같은 반 친구들에게 동생 얘기를 하면 동생들이 다 그렇다고 한다. 그래서 나도 그냥 봐 넘기기로 했다. 그런데 얼마 전부터 동생이 나에게 "야!" 하고 나서면 엄마, 아빠가 꾸중을 하셨다.

"언니에게 야!가 뭐야. 언니라고 불러라."

가끔 보면 엄마, 아빠는 내 편을 들어주신다. 요즈음에는 어른들이 계실 때는 동생이 꼬박꼬박 언니라고 불러 주고 있다. 하지만 아직도 둘이 있을 때는 언니라는 말이 나오기를 기대하기 어렵다.

동생은 욕심이 많아 먹을 게 있으면 조금이라도 나보다 많이 먹어야 성에 찬다. 내가 예쁜 학용품을 사면 저도 엄마에게 투정을 부려서 같은 것을 사고 만다. 동생이 "언니!" 하고 매달리면 조금 아깝지만 내 것을 주는 일도 가끔 있다.

오늘은 일요일이라 아빠는 회사 동료들과 낚시를 가시고, 엄마가 잠깐 시장에 가신 틈에 우리 둘이 집을 지키고 있었다. 날이 많이 더워서 나는 냉장고를 열고 아이스크림을 꺼내 먹으려고 했다. 마침 냉장고에는 아이스크림이 하나 밖에 없었다. 내가 아이스크림을 꺼내는데 동생이 귀신같이 방문을 열고 내다보며 말했다.

"야, 그 아이스크림 내가 먹으려고 한 거야."

오늘은 나도 동생에게 양보하기가 싫었다. 날씨도 더운데 아이스크림 사러 나가기는 더욱 귀찮았다.

"싫어, 언니가 먹을 거야."

그러자 동생은 나눠 먹자고 했다. 그런데 오늘 따라 동생에게 나눠 주기가 싫었다. 내가 싫다고 하니까 동생은 내 손에서 아이스크림을 빼앗으려고 했다. 우리는 결국 우리만의 최후의 방법을 쓰기로 했다. 오늘은 꼭 동생을 눌러 주고 싶었다. 마침 심심하기도 했다.

"우리, 말 안 하기 해서 아이스크림 먹기로 하자. 먼저 말하는 사람이 지는 거야."

"좋아, 딴 소리 하기 없기다."

우리는 아이스크림을 냉장고에 다시 넣고 방 안으로 들어 갔다. 조금 있으니까 엄마가 시장에서 돌아 오셨다.

"얘들아! 뭐하니?"

나는 문을 열고 엄마를 바라보다가 얼른 방으로 들어 왔다. 동생도 엄마에게 말을 하지 않았다. 엄마는 벌써 눈치를 채셨다.

"너희들 오늘은 또 뭘 가지고 그래?"

대답하고 싶지만 꾹꾹 눌러 참을 수밖에. 우리는 한동안 그렇게 방을 지키고 있었다. 한참 지나 동생이 방을 나갔는데 동생 목소리가 들렸다.

"엄마!"

나는 "이겼다!" 하고 밖으로 나갔다. 그런데 엄마의 손에 아이스크림 끝자락만 쥐여져 있었다.

우리가 싸우고 있는 동안 엄마가 '어부지리(漁夫之利)'를 얻은 것이다. 우리는 서로를 꽉 물고 놓아주지 않다 어부에게 잡힌 황새와 조개처럼 얻은 게 아무 것도 없었다.

　저녁 식탁에 오랜만에 꽃게탕이 올라왔다. 맛있는 꽃게의 살을 발라 먹고 있는데 엄마는 매년 오름세를 보이고 있는 꽃게 값에 불만을 터뜨리셨다.

"물가가 왜 이렇게 오르는 거야?"

　서해 북단에 있는 연평도는 한때 많은 꽃게 수확으로 호황을 누렸던 곳이다. 그런데 요즈음 연평도에서는 꽃게잡이가 신통치 않단다. 연평도 앞바다에 있던 꽃게들의 서식지가 남한과 북한의 중간 지대로 이동했는데, 남한과 북한의 군사 대립 때문에 어민들이 고기를 잡으러 들어갈 수가 없다는 것이다. 심지어 고기를 잡을 수 있는 한계선을 넘어 북쪽으로 갔던 고기잡이 배 때문에 남북 군인들 간에 신경전이 벌어지기도 한단다.

　더욱 안타까운 현실은 남한과 북한이 대치하고 있는 틈을 타서 중국의 불법조업 어선들이 '어부지리(漁父之利)'를 얻고 있다는 것이다. 연평도의 어민들은 남북한이 공동으로 중국 어선들을 단속하는 것은 물론 고기를 잡을 수 있는 한계선을 북쪽으로 좀더 올려주기를 원하고 있다고 한다. 어부지리를 얻으려고 '호시탐탐(虎視眈眈)' 기회를 엿보고 있는 사람들에게 남북한의 분단 상황이 호재인 것은 분명해 보인다.

오리무중
五里霧中

다섯 오 | 마을 리 | 안개 무 | 가운데 중

자식을 잃어버린 부모 심정만큼 답답하고 아픈 것은 없다. 초등학생, 중학생이라면 아직 어려서 부모님의 마음을 다 헤아리지 못하지만 어른이 되어 자식을 낳아 키우다 보면 어릴 적에 우리 부모님들의 심정이 어떠했는지를 알 수 있게 된다.

현수네 부모님은 밤이 되면 거실과 마당에 매일같이 불을 켜 놓으시고 대문도 닫지 않으신다. 이유는 단 한 가지, 지금은 대학생이 되어 있을 현수네 형 때문이다. 몇 년 전 현수네 형이 고등학교 2학년이던 어느 날 가출을 한 이후로 집으로 돌아오지 않고 있다. 현수네 형은 다소 내성적인 성격이긴 하지만 공부는 매우 열심히 하는 모범생이었다. 그런데 어학원에서 만난 여자친구와 너무 가까운 사이가 되었다. 그러다 보니 학원 수업을 듣지 않고 둘이서 시내구경도 다니고 놀이공원에 가곤 했다. 당연히 성적이 뚝 떨어지고 이에 화가 난 현수아빠는 매를 드셨고, 여자친구와도 만나지 못하도록 하셨다. 그러자 현수 형은 편지 한 장 써 놓지 않고 집을 나가버렸다.

현수네 형이 가출한 후 가족들은 경찰에 신고도 하고 전단지를 만들어 전국 각지를 돌며 찾아다니기도 했다. 하지만 현수네 형을 보았다는 사람은 아직도 나타나지 않고 있다. 경찰도 현수네 가족도 현수네 형이 어디에 살고 있는지 무엇을 하는지 어떤 정보도 알아내지 못했으니 참으로 답답한 노릇이다. 그러니 '오리무중(五里霧中)'인 것이다.

'오리무중'이란 널리 낀 안개 속과 같이 희미하고 몽롱하여, 무슨 일의 방향이나 갈피를 잡을 수 없는 상태를 말하는데 지금 현수네 상황이 그런 것이다. 때문에 현수는 늘 형을 기다리는 부모님의 심정을 아는지라 공부도 더 열심히 하고, 부모님 말씀도 무척 잘 듣는 그야말로 성실한 아이가 되었다.

　　며칠 전 우리 반에서 한 아이가 돈을 잃어버리는 일이 발생했다. 그 애는 학원비를 내려고 갖고 있던 25만 원을 잃어버렸는데 선생님도, 아이들도 도대체 알 수 없는 일이었다. 3교시 체육시간에 모두가 나가 있었기에 교실은 비어 있었다. 다른 학년들이나 반들은 수업을 하고 있었기에 학생들 중 누군가가 빈 교실에 들어가 돈을 훔쳐갈 수가 없었다. 교무실에 남아 있던 선생님들 중 누군가가 돈을 훔쳐갈 리가 없으니 참으로 '귀신이 곡할 일이다.'는 말이 이럴 때를 두고 하는 말이 아닌가 싶다. 그날 우리반 모두는 두 번씩이나 소지품 검사를 했고 교실을 샅샅이 뒤졌지만 돈은 나오지 않았다.

　　그러자 선생님은 혼잣말로 "이런 일은 처음이야. 한마디로 '오리무중(五里霧中)'이야."라며 답답해 하셨다.

유구무언
有口無言

있을 유 | 입 구 | 없을 무 | 말씀 언

어느 날 형과 동생이 케이크 한 조각 때문에 심하게 다투는 일이 발생했다. 학교에서 돌아온 동생은 배가 고파서 냉장고 문을 열었는데, 마침 케이크가 있었다. 초콜릿과 생과일 조각이 얹혀져 있는 케이크는 정말이지, 군침을 돌게 했다. 사실 그 케이크는 전날 형의 생일이라서 가족들이 먹고 남은 것이었다. 하지만 집에서 음식을 찾아 먹을 때는 집안의 주방장님이나 다름없는 엄마의 허락을 얻어야 했다. 늘 부모님 말씀을 잘 듣는 동생은 엄마에게 전화를 걸어서 케이크를 먹어도 된다는 허락을 받았다. 동생은 정말이지, 눈 깜짝할 사이에 케이크 한 조각을 다 먹어치웠다.

그런데 문제가 발생했다. 저녁때가 되어서 집에 돌아온 형은 냉장고 속에 있었던 케이크를 누가 먹었냐고 동생에게 물었다.

동생은 솔직하게 자신이 먹었다고 말했다. 그러자 형은 동생의 머리를 쥐어박았다.

"왜 때리는 거야! 배가 고파서 먹었는데."

기분이 불쾌해진 동생이 따지듯 말하자 형은 한마디 했다.

"그건 내 케이크란 말이야. 내 생일에 먹다 남은 것이니까. 그러니 내 것을 훔쳐 먹은 거야."

형의 말은 한 마디로 지나친 이기주의였다. 가족이라 생각한다면 절대 할 수 없는 말인데 훔쳐 먹었다고 말했으니 너무 심하다는 생각이 들었다.

마침 거실로 들어오면서 이 광경을 목격한 엄마가 화를 내셨다. 형제가 서로 사이좋게 지내야 하는데 서로 말다툼을 하는 것도 보기 좋지 않았지만, 더욱더 가슴 아픈 일은 동생에게 훔쳐 먹었다는 표현을 쓴 큰아이에 대한 실망감이 너무도 컸다.

"너 그게 무슨 말버릇이야! 형이 돼가지고 동생에게 무슨 말을 그렇게 해. 엄마한테 혼 좀 날래!"

형은 아무 말이 없었다. 하지만 엄마의 화는 좀처럼 풀리지 않았다.

"대체 무슨 생각으로 동생은 케이크를 먹어서도 안 되며 훔쳐 먹었다고 말한 거지? 말을 해보란 말이야. 왜 말을 못해?"

여전히 형은 아무 말 없이 고개를 숙이고 그야말로 침통한 표정이었다. 그러자 엄마는 또 말씀하셨다.

"유규무언이 따로 없네. 정말이지 너에게 엄마는 실망이야."

케이크 사건은 여기서 끝났지만 동생은 참으로 궁금한 게 있었다. 유규무언이 대체 무슨 말인지 알 수가 없었다. 그래서 이튿날 아침 아빠에게 물어 보았다.

"아빠 '유구무언(有口無言)'이 무슨 말이에요?"

"유구무언이란 입이 있어도 할 말이 없다는 뜻의 한자성어란다. 있을 유(有), 입 구(口), 없을 무(無), 말씀 언(言)이 합쳐서 된 말이지. 이를테면 자신이 어떤 잘못을 했는데 마땅히 변명할 말이 없을 때를 가르키는 말이란다."

아빠는 또 비슷한 고사성어도 설명해 주셨다. 아무리 물어보아도 말없이 있을 때를 두고 '묵묵부답(默默不答)'이라는 말을 한다고.

　고모는 얼마 전 3년 동안 다니던 직장을 그만두었다. 이 사실을 알게 된 할아버지는 화가 잔뜩 나셨다. 왜냐하면 우리 고모가 다니던 직장은 남들이 다 부러워하는 외국계 유명회사인데다 고모는 회사의 인재들만 모아 두었다는 기획실에 근무를 했다. 월급도 무척 많았고, 결혼 후에도 아무런 문제가 되지 않는 그런 직장이었다. 게다가 할아버지를 더욱 화나게 만든 것은 고모가 회사를 그만둔 이유가 다름 아닌 미용을 배우기 위해서라는 것 때문이다. 할아버지는 집이 떠나갈 듯 고함을 치셨다.

　"너 경영학과 다니고 좋은 직장 들어갔으면 그게 복인 줄 알고 열심히 다닐 것이지 왜 직장을 그만두는 거야? 미용사가 되겠다구? 손재주도 없고, 힘든 일도 하지 못하는 네가 미용사가 되겠다면 지나가는 개도 웃겠다. 회사 얌전히 다니다 시집이나 갈 일이지 이제 나이 서른이 다 되어서 무슨 미용사가 되겠다고 난리야. 너는 복을 차내 버린 거야!"

　할아버지는 고모의 아버지이다 보니 딸이 좀더 안정된 직장 생활을 하길 원하셨다. 하지만 고모의 생각은 달랐다. 조금 늦긴 했지만, 지금부터라도 자신이 꼭 하고 싶었던 일을 하겠다는 거다.

　고모가 자기 생각을 말하려고 했지만 할아버지 말씀이 워낙 강경하셔서 한 마디도 못했다. 바로 '유구무언'이 따로 없었다.

이열치열
以熱治熱

써 이 | 더울 열 | 다스릴 치 | 더울 열

날씨가 너무 더우면 아이들은 무조건 차가운 음식이나 차가운 물만 찾는 편이다. 특히 아이스크림은 너무너무 좋아한다. 하지만 어른들은 다르다. 오히려 따뜻한 음식을 먹곤 한다. 그러면서 차가운 걸 너무 많이 먹으면 배탈이 나니까 너무 많이 먹지 말라고 당부를 한다.

"오늘 날씨 덥다고 아이스크림만 먹지 마라. 아이스크림은 하루 한 개 정도면 충분해. 대신 점심시간에 찬물보다는 따뜻한 물을 조금 마셔라. 저녁에도 찬 밥 먹지 말고 밥통에 있는 따뜻한 밥을 먹으라고. 알겠니?"

바로 '이열치열(以熱治熱)'이란 말이다.

'이열치열'이란 더운 것으로써 더운 것을 다스린다는 뜻으로,

어떠한 일에 대해서 그것과 같은 수단으로 대응한다는 것을 비유한 말이다. 세력이 강할 때에는 강력하게 상대해야 하는 것처럼 부정적인 것을 없애야 할 경우에는 상대편이 사용하는 수단과 방법에 상응하는 수단과 방법을 써야 한다는 것이다. 즉 힘은 힘으로 물리치듯이, 열은 열로써 물리쳐야 한다는 뜻이다. 이런 논리를 우리 몸에 적용시켜보면 엄마의 말씀을 충분히 이해하고 남는다. 날씨가 더울 때는 몸의 열이 밖으로 나가지 못하고 안에서 쌓이기 때문에 뜨거운 음식을 섭취하여 땀을 흘리면서 몸의 더운 기운을 밖으로 내보내야 한다.

한방에서는 날씨가 더우면 몸 안이 차가워지고, 추우면 몸 안이 더워지므로 더울 때는 몸속의 찬 기운을 따뜻한 음식으로 데우면 더위를 이겨낼 수 있고, 추울 때는 몸속의 더운 기운을 차가운 음식으로 식히면 추위를 이겨낼 수 있다.

한여름에는 오히려 더위를 물리치려고 삼계탕을 먹고, 아주 추운 한겨울에는 얼음이 들어 있는 차가운 동치미 국물을 먹는 것 자체가 '이열치열'의 식생활에 적용시켜 온 우리 조상들의 지혜라고 할 수 있다.

정말 더운 여름 어느 날이었다. 할아버지와 손자가 마을 어귀에 있는 정자에 앉아 더위를 식히고 있었다. 점심때가 다 되었는데 할머니가 점심거리를 차려서 정자로 나오셨다. 그런데 상 위에는 펄펄 끓는 삼계탕이 있었다. 손자는 정말 이상했다.

'더운 날씨에 왜 뜨거운 음식을 먹을까? 차라리 시원한 아이스크림을 먹는 게 더 좋을 텐데.'

그러나 할아버지는 땀을 흘리면서도 그 뜨거운 삼계탕을 시원하다고 하면서 맛있게 드셨다.

그래서 손자가 할아버지께 여쭤 봤다.

"할아버지, 왜 뜨거운 음식을 드시면서 시원하다고 하세요?"

그러자 할아버지께서 웃으시면서 이렇게 말씀하셨다.

"우리 강아지. 이게 이열치열이란 거란다."

이렇듯 예전부터 우리 조상들은 '이열치열(以熱治熱)'이나 '이냉치냉(以冷治冷)'처럼 더위는 뜨거운 음식으로, 추위는 차가운 음식으로 이겨내셨다.

인산인해
人山人海

사람 인 | 뫼 산 | 사람 인 | 바다 해

뉴스를 볼 때면 자주 나오는 말이 있다. 특히 어린이날, 명절, 여름 휴가철에 사람들이 많이 있는 곳을 가리킬 때 나오는 말로 '인산인해(人山人海)'라는 말이다.

'인산인해'란 사람들로 가득 차 있는 광경을 두고 하는 말이다. 휴가철 바닷가에 사람들이 몰려들어 발 디딜 틈조차 없어 보일 때, 대형 행사장이나 집회 장소에 사람들로 가득 차 있을 때, 어린이날 놀이공원엔 사람들로 북적일 때 우리는 '인산인해'라는 말을 사용한다.

특히 어른들이 자주 사용하는 편인데 행사장이나 여행을 다녀온 후에 "아이구 말도 마세요. 가는 곳마다 인산인해를 이루고 있더라니까요."라고 말하곤 한다. 사람이 그만큼 많다는 얘기지만,

때에 따라서는 조금 과장된 말처럼 들릴 수도 있다. 사람들로 산과 바다를 이룬다는 표현이기 때문에 정말 많은 사람들이 모여있을 때만 통하는 말이다.

 뜨거운 태양이 이글거리는 여름이 왔다. 더위를 피해 많은 사람들이 휴가를 얻어 휴양지로 떠났다. 올 여름은 예년보다 더 덥다는 일기예보도 있었다.

 그래서 그런지 TV뉴스에서 전하는 휴양지의 모습은 온통 사람들이 빽빽이 들어차 있었다.

 이 소식을 전하는 기자가 이렇게 말했다.

 "보시는 거와 같이 지금 전국에 있는 휴양지는 모두 여름을 즐기려는 인파로 '인산인해(人山人海)'를 이루고 있습니다."

242

일거양득
一擧兩得
하나 일 | 들 거 | 둘 양 | 얻을 득

미영이네 큰오빠는 집안의 천덕꾸러기가 될 뻔했다. 왜냐면 학교를 졸업한 지가 오래 되었는데 취직을 못하고 있었다. 오빠는 원래 집에서는 물론 동네에서도 큰 인물이 될 거라고 소문이 자자했던 사람이었다. 오빠가 취직을 못한 것은 다 영어 때문이다. 오빠는 고등학교 때까지만 해도 영어의 수재라는 소리를 들었는데 대학교에 다니면서 영어공부를 많이 하지 않았다. 그렇지만 학점만큼은 자신이 있었다.

결국 몇 개의 대기업에 원서를 넣었다 떨어지고 나서 오빠는 결심을 했다.

'어떻게든 영어는 꼭 잡을 거야.'

오빠는 처음에 도서관에다 책을 펴놓고 공부했는데 혼자서 공부하는 게 잘되지 않았다. 결국, 몇 달 만에 자신에게 실망하며 공부를 포기하고 말았다.

아무런 성과도 없이 몇 달이 지나가자 부모님은 아들을 다그쳤다.

"너 언제까지 그렇게 놀고 있을 거니? 동생 보기에 창피하지도 않아?"

오히려 미영이가 그런 부모님을 말렸다.

"오빠라고 취직하고 싶지 않겠어? 어른들은 그저 서두르는 데는 선수야. 오빠도 역전홈런을 칠 날이 있을 거라고."

그런 어느 날이었다. 오빠가 전화 한 통화를 받더니 한동안 어둡던 얼굴에 화색이 돌았다. 그리고 어머니에게 말했다.

"저 영어 학원 좀 보내주세요."

아들이 뭔가 해보겠다는데 어머니가 보고만 있을 수는 없었다. 두 말 않고 오빠에게 학원비를 주셨다.

오빠는 그날 이후로 딴 사람이 된 듯했다. 얼굴에 웃음이 떠나지 않았고, 집에 돌아오면 카세트를 켜놓고 영어 공부에 집중했다.

미영이가 영어 공부 재미있느냐고 물었더니 오빠는 이해 못 할 소리를 했다.

"이거야말로 도랑 치고 가재 잡기야."

그렇게 또 몇 달이 지나갔는데 어느 날 오빠가 말쑥하게 정장을 하고 나갔다.

"오빠, 어디 가?"

"응, 면접 보러."

그리고 한 달 정도 되었을까? 저녁에 가족들이 모여 있는데 오빠가 종이 하나를 가지고 나와서 부모님께 내밀었다.

"저 합격했어요. 다음 달에 첫 출근해요."

그런데 기뻐할 일은 그게 다가 아니었다. 다음 날 집에 손님이 찾아 왔는데, 바로 오빠의 여자 친구였다. 원래 학교를 같이 다니던 친구였는데 그동안 학원에 같이 다니면서 영어 공부를 하다가 더 가까워졌다. 오빠는 영어 공부를 하면서 취직도 하고, 여자 친구도 얻는 '일거양득(一擧兩得)', '일석이조(一石二鳥)'의 대박을 터뜨린 거다. 미영은 영어 공부가 도랑 치고 가재 잡기라는 오빠의 말을 비로소 이해할 수 있었다.

요즘 전 세계적으로 담배를 마약으로 규정하고, 흡연을 규제하는 움직임이 커지고 있다. 미국에서는 담배를 오래 피워 암에 걸렸다는 환자들이 담배회사를 상대로 소송을 내 큰 손실을 입은 담배회사들이 여러 가지 대책을 모색하고 있다. 담배 홍보와 더불어 담배를 피우면 건강에 해를 끼친다는 홍보를 병행하는 것은 빠져서는 안 될 활동이다. 또 담배를 직접 홍보하는 광고를 자제하는 대신, 골프대회 등을 후원해 브랜드를 알리는 것도 한 방법이다.

우리나라에서도 담배를 피우는 사람들이 점차 설 자리를 잃어 가는 분위기이다.

많은 금연 빌딩이 생겨 흡연자들이 건물 밖으로 나가 담배를 피우는가 하면, 비행기와 지하철역에서 담배 흡연이 금지된 지도 오래 되었다. 음식점에서는 담배를 판매하지 못하고 있다.

흡연자들에게 무엇보다 큰 부담을 주는 것은 담배가격 인상인 듯하다.

보건복지부는 지속적으로 담배 가격을 인상시킴으로써 담배 소비를 줄이고, 국민의 건강을 보호하며, 세금을 많이 거둬들이는 '일거양득(一擧兩得)', '일석삼조(一石三鳥)'의 효과를 거둘 방침이란다.

일파만파
一波萬波

한 일 | 물결 파 | 일만 만 | 물결 파

저녁식사를 마치고 가족과 함께 모여 TV 뉴스를 보고 있었다. 그런데 TV 뉴스를 보고 계시던 아버지가 혀를 끌끌 찼다. 아버지 옆에 앉아서 조용히 TV를 보고 있던 나는 아버지의 행동을 보고 '왜 그러셨을까?' 궁금해서 아버지께 여쭈어 보았다.

"아버지 왜 그러세요?" 했더니 아버지께서 국회의원 ○○○씨의 뇌물 수수 뉴스를 보면서 답답하다고 하셨다. 그러더니 곧 뇌물 수수에 관련된 새로운 소식들이 계속 나오자 아버지는 조용히 혼자 이야기하셨다.

"조용히 끝나진 않겠군. 이 문제가 일파만파로 번지겠어."

옆에서 듣고 있던 나는 일파만파가 무슨 뜻일까 궁금해서 아버지께 여쭈어 보았다. 아버지께서는 나를 보고, 웃으시면서 설명을 해주셨다.

'일파만파(一波萬波)'의 원뜻은 하나의 파도가 만 개의 파도로 번져 나간다는 뜻인데, 다시 말해서 발생된 어떤 하나의 사건이 그 사건에서 그치지 않고 잇따라 연관된 다른 사건으로 번져 나가는 것을 말한다. 다시 말해 좀 전 뉴스처럼 뇌물수수 사건이 그 사건으로 끝나는 게 아니라 뇌물을 준 기업이나 사건에 관련된 다른 정부 인사들의 부정부패 사건으로 번져가 사건의 규모가 커지는 것을 뜻하는 것이다.

매년 수능시험이 실시되면 수험생이 있는 가정은 온통 수능시험에 촉각을 곤두세운다.

예전 수능시험은 휴대전화를 이용한 수능 시험 부정행위로 많은 무리를 일으킨 적이 있었다. 생각지도 못했던 집단적인 휴대전화 수능 부정행위 사건은 조사 과정에서 다른 방법으로 부정행위를 하거나 심지어는 전년도 부정행위자들까지 발각되어 그 영향이 '일파만파(一波萬波)'로 퍼지고 있다.

전전긍긍
戰戰兢兢

싸울 전 | 싸울 전 | 떨릴 긍 | 떨릴 긍

우리 학교에서는 환경미화를 매우 중요시하고 있다. 그래서 해마다 환경미화가 가장 잘 된 반을 뽑아 선물도 주고 맛있는 과자나 과일 등을 먹으면서 재미있는 파티를 하곤 한다.

특히 우리 반 선생님은 미술선생님이셔서 신경을 많이 쓰시고 꼭 우리 반이 1등으로 뽑힐 거라고 기대를 많이 하고 계셨다.

"환경미화는 오로지 너희들의 힘으로 꾸미는 것이다. 우리 반은 그림 잘 그리는 친구도 있고 미적 감각이 뛰어난 친구들이 많으니까 서로 힘을 합쳐서 잘 꾸미기 바란다. 1등 하면 좋겠지만 너무 부담 갖지 말고 너희들이 1년 동안 공부하는 방을 꾸민다 생각하고 만들면 될 거야."

우리는 방과 후와 토요일 등 짬짬이 시간을 내어 썰렁하던 교실을 하나하나 채워나가 서서히 멋진 교실로 만들고 있었다.

드디어 심사를 앞두고 마지막 점검하는 날, 우리는 모두 모여 함께 최종 점검을 하기로 했다.

"어? 저게 뭐지? 얘들아, 큰일났다. 저기 그림이 찢어졌어."

"뭐라고? 여태까지 멀쩡하던 그림이 왜 찢어진 거지?"

"저, 얘들아, 미안해."

옆에 있던 준수가 고개를 들지 못하고 어쩔 줄 몰라 '전전긍긍(戰戰兢兢)'하면서 작은 목소리로 말했다.

"준수야. 무슨 일이 있었던 거니? 괜찮으니까 얘기해 봐."

"실은 오늘 일찍 와서 날씨가 좋아서 환기시키려고 창문을 열었는데 갑자기 바람이 불더니 그만 그림이 떨어지면서 찢어져서……."

"괜찮아. 아직 시간이 있잖아. 오늘 조금 늦게까지 수정하면 돼."

"그래, 준수야. 걱정마. 내가 그림 실력이 좀 되잖아. 내가 완벽하게 고쳐놓을게."

친구들이 서로 걱정말라며 위로하자 전전긍긍하던 준수도 환하게 웃었다.

드디어 심사날이 밝았다. 우리 반은 1등은 하지 못했지만 선생님이 우리 반에서는 우리가 1등이라면서 과자 파티를 열어주셨다.

'전전긍긍'의 유래를 보면, 『시경(詩經)』, 「소아편(小雅篇)」의 소민(小旻)에서 찾을 수 있다.

감히 맨손으로 범을 잡지 못하고[不敢暴虎]

감히 걸어서 황허강을 건너지 못한다[不敢憑河]

사람들은 그 하나는 알지만[人知其一]

그 밖의 것들은 알지 못한다[莫知其他]

두려워서 벌벌 떨며 조심하기를[戰戰兢兢]

마치 깊은 연못에 임한 것같이 하고[如臨深淵]

살얼음 밟듯이 해야 하네[如履薄氷]

이것은 포악한 정치를 한탄한 시다. 이 시가 지어진 시기는 중국의 서주(西周) 말기였다. 그때는 씨족 봉건사회가 무너지고 왕정이 약해져서 주공(周公)의 법이 제대로 지켜지지 않고 천하가 위험한 시기였다. 그러다 보니 사람들은 눈앞의 이익과 손해에만 매달려 나중에 그것이 큰 재앙을 가져올 것을 알지 못했다. 그러나 조심성 있는 사람들은 깊은 연못가에 있는 것처럼 또는 살얼음을 밟는 것처럼 불안에 떨며 포악한 정치를 조심한다는 뜻이다.

'전전긍긍'과 비슷한 말로는 '소심익익(小心翼翼)'이라는 말이 있는데, 이는 세심하고 조심성이 많다는 뜻으로, 마음이 작고 약하여 작은 일에도 겁을 내는 것을 뜻한다.

아이큐가 140이 되는 여학생이 있었다. 그 여학생은 중학교에 입학하자마자 치른 시험에서 크게 노력하지 않았는데도 평균 98점으로 전교 1등을 차지했다. 그러나 어찌나 자기 과시욕이 심한지 다른 학생들 앞에서 자신의 아이큐가 높다는 것을 늘 자랑하고 다녔다.

중간고사가 다가오자 그 애는 이렇게 떠들고 다녔다.

"아이큐 나쁘면 아무리 노력해도 소용없어. 나야 시험공부 안 해도 98점은 문제없으니까. 전교 1등은 아무나 하나. 아이큐가 나 정도는 돼야지."

공부는 잘하지만 겸손하지 못하니까 다른 아이들에게는 그야말로 얄미운 아이였다. 드디어 중간고사를 보았는데 갑자기 그날 이후로 그 애가 달라졌다. 말수도 적고, 자기 머리 좋다는 자랑도 하지 않았다. 그러고는 아이들에게 성적표가 언제쯤 나올 것 같냐고 물어보면서 무언가에 쫓기듯 '전전긍긍(戰戰兢兢)'하는 모습이었다. 그 이유인 즉 시험을 전보다 못보았기 때문에 성적이 나오면 창피하니까 미리부터 그랬던 것이다. 며칠 후 성적이 발표됐는데 결과는 뻔했다. 그 애는 전교 30등으로 밀려났다. '낙동강 오리알' 됐다는 말이 바로 그 애를 두고 한 말 같다.

조삼모사
朝三暮四

아침 조 | 셋 삼 | 저물 모 | 넷 사

엄마는 오늘 휴대폰을 사주시기로 하셨다. 몇 달을 졸라서 간신히 엄마의 마음을 돌리는 데 성공했다.

엄마와 나는 가전 상가로 가서 눈여겨 본 제품의 가격을 알아보았다. 그런데 같은 제품인데도 각 매장마다 진열대에 적혀 있는 가격은 제각각이었다. 한 마디로 '천차만별(千差萬別)'이었다.

먼저 가장 저렴한 가격이 붙어 있는 매장으로 가보기로 했다.

"이 휴대폰은 가격이 얼마예요?"

그런데 점원의 대답에 나와 엄마는 깜짝 놀랐다. 다른 매장에 붙어 있는 가격보다 오히려 비쌌던 것이다.

"왜 진열대에 있는 가격과 다르지요?"

"그건 할부로 구입하실 때 초기 납부요금이에요. 앞에 가격을 싸게 붙여놔야 손님들이 들어오시니까……."

"그러면 제 가격을 알고 싶은 사람은 이렇게 들어와서 물어볼 수밖에 없단 말인가요?"

"저희만 그런 게 아니고, 매장마다 다 그래요."

나와 엄마는 가장 비싼 가격이 붙어 있던 매장으로 가서 가격을 물어보았다. 그곳에서는 진열대에 있는 가격으로 판매한다고 했다. 그러자 엄마가 점원에게 물었다.

"혹시 조금 할인해 주실 수 있나요?"

"구입하신다면 할인해 드려야지요."

할인율을 적용하자 그렇게 비쌌던 가격이 평균 정도의 매장과 같아졌다. 나와 엄마는 두 곳을 더 들러본 후 결국 휴대폰을 샀다.

집으로 돌아오는 길에 엄마가 말씀하셨다.

"이곳의 가격은 '조삼모사(朝三暮四)'구나."

"조삼모사가 뭐예요?"

"어차피 다들 비슷한 가격으로 팔 거면서 싸게 파는 것처럼 기만하는 거잖아. 가입비, 할부, 그런 거 나중에 내도 된다고. 당장은 아니더라도 결국은 다 내야 되는 돈인데."

엄마는 조삼모사의 유래를 알려 주었다.

"예전에 어떤 사람이 원숭이들을 키우고 있었어. 그런데 갈수록 사정이 좋지 않아서 원숭이들에게 제안을 했어. 원숭이들이 먹는 도토리를 아침에는 3개, 저녁에는 4개만 주겠다고. 그랬더니 원숭이들이 제안에 따르지 못하겠다고 반발하는 거야. 그래서 그 사람이 다시 제안을 했지. 아침에는 4개, 저녁에는 3개를 주겠다고. 그랬더니 원숭이들이 좋아하더라는 거야."

"사람도 자칫하면 그 원숭이들처럼 속아 넘어가겠네."

이웃한 학교에서 눈이 번쩍 뜨이는 놀라운 소식이 전해졌다. 그 학교는 앞으로 보충수업이 없어지고, 자율학습만 한다는 것이었다. 우리 학교 학생들은 그저 부러워 할 따름이었다. 나는 방과 후 중학교 때 친했던 친구를 불러 물어 보기로 했다.

"야, 너네 학교는 보충수업 안 한다며?"

친구는 어이가 없다는 듯 웃었다.

"그거 '조삼모사(朝三暮四)'야."

"그게 무슨 말이야?"

친구가 설명했다. 그 학교 선생님들이 방과 후에 하는 수업을 보충수업이라고 부르는 대신 자율학습이라고 이름을 붙였다는 것이었다.

"명칭만 자율학습이지, 학생들이 집에 못 가고 선생님이 수업하는 건 보충수업하고 똑같아."

나도 어이가 없었다.

"그럼 원래 자율학습은 이름을 뭐라고 해야 하냐?"

천고마비
天高馬肥

하늘 천 | 높을 고 | 말 마 | 살찔 비

이 고사성어를 한 번쯤 안 들어본 사람은 없을 것이다.

단풍이 들고 수확의 계절인 가을이 되면 늘 여기저기 붙어 있기도 하고 매스컴에서 단골손님처럼 하는 말이다. 바로 '가을은 천고마비의 계절'이라는 말이다.

'천고마비(天高馬肥)'란 하늘은 높고 말은 살찐다는 뜻으로, 요즘은 풍성한 가을을 이야기 할 때 주로 사용한다. 그러나 이 말의 원래의 뜻은 '추고새마비(秋高塞馬肥)'로, 당나라 초기 시인이던 두심언(杜審言)의 시에서 처음으로 나왔다.

두심언은 진나라의 훌륭한 장군이며 학자였던 두예(杜預)의 자손이며, 이백과 함께 중국 최고의 시인으로 불리는 당나라 시대의 시성(詩聖)인 두보(杜甫)의 할아버지이다. 두심언은 젊어서부터 글로써 이름을 떨쳐 소미도, 이교, 최융 등과 함께 '문장사우(文章四友)'라고 불린 인물이었다.

당나라 중종 때, 두심언이 전쟁에 참가해 북녘에 가 있는 친구 소미도가 하루 빨리 장안으로 돌아오기를 바라며 지은 시라고 하는데, 여기에 '추고새마비'라는 말이 나온다.

구름은 깨끗한데 요사스런 별이 떨어지고[雲淨妖星落]
가을 하늘이 높으니 변방의 말이 살찌는구나[秋高塞馬肥]
말 안장에 의지하여 영웅의 칼을 움직이고[馬鞍雄劍動]
붓을 휘두르니 격문이 날아온다[搖筆羽書飛]

이 시는 변방의 정경과 당나라 군대의 빛나는 승전보를 전하는 내용이다. 여기서 '추고새마비(秋高塞馬肥)'라는 구절은 당군의 승리를 가을날에 비유한 것이다. 따라서 '추고마비'는 아주 좋은 가을 날씨를 표현하는 말로 쓰여 왔다.

그러나 『한서』, 「흉노전」에도 '추고마비'라는 말을 쓰는데 중국 북쪽에서 일어난 유목민족인 흉노가 활동하기 가장 좋은 계절이라는 뜻을 가지고 있다. 그들은 해마다 가을철에 중국 북방 변경의 농경지대를 약탈하여 기나긴 겨울 동안의 양식을 마련했는데, 북쪽 변두리에 사는 중국인들은 '하늘이 높고 말이 살찌는 천고마비(天高馬肥)' 가을만 되면 언제 흉노족이 침입을 해 올지 몰라 전전긍긍했다고 한다.

　현대인들은 '추고새마비'보다는 '천고마비'라는 말을 주로 사용하는데 특히 편지를 쓰거나 인사를 할 때 적절히 사용한다.

초등학교에서 가을 운동회가 열렸다. 학생과 선생님, 그리고 마을 사람들이 모여 한바탕 큰 마을 잔치가 되었다. 본격적으로 운동회를 시작하기 전 학생들과 선생님들이 모두 모여 식전행사를 했다. 국민의례, 애국가 제창 등 행사가 진행되었다.

"다음은 교장 선생님의 훈화말씀이 있겠습니다."

라는 안내 방송이 나오고 교장선생님께서 단상으로 올라 오셨다.

"바야흐로 '천고마비(天高馬肥)'의 계절, 가을입니다. 오늘은 유난히도 하늘이 높고……."

이처럼 요즘은 '천고마비'가 하늘은 높고 말이 살찌는 풍성한 가을을 표현하는 가장 보편화된 표현으로 쓰이고 있다.

청천벽력
靑天霹靂

푸를 청 | 하늘 천 | 벼락 벽 | 벼락 력

형주 누나가 지난 4월에 결혼을 했다. 형주는 그때까지만 해도 수시로 형주네 집을 찾는 누나의 남편감, 즉 미래의 자형이 다소 낯설었다. 누나가 자형에게 형주를 인사시켜 준 뒤 너무 빨리 결혼식을 올리겠다고 해서였을까? 형주는 가끔씩 '저 사람이 우리 누나를 훔쳐가는 게 아닌가?' 하는 얼토당토 않은 생각까지 했다.

그러던 어느 날 형주네 집 전화벨 소리가 울렸다.

형주가 수화기를 들어 받았다.

"여보세요."

자형의 다급한 목소리였다.

"아, 안녕하세요. 저 형주예요."

"그래, 누나 좀 바꿔줄래?"

짤막한 인사를 나누고, 형주는 누나에게 수화기를 건넸다. 그런데 전화를 받는 누나의 표정이 심상치 않았다. 전화를 끊고 나서 누나는 거의 울상이 되다시피 했다. 누나는 형주 부모님께 자형에게서 들은 얘기를 전했다.

"어떻게 하죠? 신혼여행을 가려는 곳에 큰 지진이 났대요. 그 일대 사람들이 많이 다치고, 숙소가 파손돼서 여행이 취소되었나 봐요. 외국 한 번 나가보나 했더니 이게 무슨 '청천벽력(靑天霹靂)'이래."

가족들은 모두 형주 누나를 위로했다.

"뭐 그런 걸 가지고 그러니? 다시 알아보면 되지."

"지금이라도 얼른 다른 곳을 알아보라고 하지 그랬어? 그런데 결혼식 날이 너무 촉박해서 어떻게 하니?"

"그런데 신혼여행지가 어디라고 했지? 어디서 지진이 났다는 거야?"

그때 집 전화벨 소리가 울렸다. 이번에도 형주가 전화를 받았는데 자형이 조금 전과는 달리 밝은 목소리였다.

"형주니?"

"예."

"누나, 지금 어떻게 하고 있니?"

"많이 실망했나 봐요. 형도 걱정되시죠?"

형주의 말을 들은 자형은 갑자기 "하하하!" 하고 웃는 것이었다.

"누나가 벌써 얘기했구나. 그런데 오늘이 무슨 날인지 아니?"

"무슨 날이요?"

"누나에게 오늘이 만우절이라고 알려 줘."

"뭐라고요?"

그제야 형주가 달력을 보니 4월 1일이었다.

형주네 가족 모두가 크게 놀라고 신나게 웃었던 '마른하늘에 날벼락' 사건이었다.

우리 반 친구 태영이는 시골에서 올라와 누나와 같이 살며 공부하고 있다. 그런데 며칠 전 학교에 가니 태영이가 결석을 했다. 선생님께서 남부지방을 강타했던 태풍과 폭우로 태영이네 집이 허물어져 태영이가 급히 내려갔다고 알려주셨다. 마른하늘에 날벼락이라더니, 태영이네 집은 농사를 지으며 살고 있다고 들었는데 하늘이 무심하다는 생각이 들었다.

며칠 후 태영이는 학교로 돌아왔다. 태영이는 아무렇지도 않다는 듯 편안한 얼굴로 말했다.

"나도 처음에는 '이게 웬 청천벽력(靑天霹靂)이야.' 하고 크게 놀랐어. 그런데 집에 가니 부모님이 태연하신 거야. 다행히 비가 많이 쏟아지기 전에 쓸 만한 것들은 다 옮겨두셨대. 그리고 집은 원래 다시 지을 작정으로 있었는데 이번 재해로 그 시기가 조금 빨라진 것뿐이라고 하셨어."

태영이는 오히려 희망을 가지고 돌아온 듯 보였다.

"'천만다행'으로 농사는 큰 피해를 입지 않아서 아버지는 '전화위복(轉禍爲福)'의 기회라고 하셔."

함흥차사
咸興差使

다 함 | 일어날 흥 | 어긋날 차 | 부릴 사

유진이네 가족들은 할아버지가 외출을 해서 일찍 돌아오시지 않으면 늘 걱정한다. 유진이 할아버지는 친구들과 만나 대화 나누길 좋아하셔서 외출이 잦은데 고혈압이 있어서 갑작스러운 환경변화나 기온차이에 민감하셨다. 그러니 한겨울에 나갔다가 연락이 없으시면 온 집이 발칵 뒤집어진다. 혹시 혈압이 갑자기 높아져 길거리에 쓰러지신 게 아닌가 해서 할머니는 할아버지 친구분들께 전화를 하고, 아빠 엄마는 작은아빠나 고모에게 전화를 걸어 혹시 그곳에 계시지 않은지, 또 파출소에 전화를 걸어 혹시라도 할아버지를 보호하고 계시지는 않은지 알아보기도 한다. 유진이와 고등학교에 다니는 유진이 오빠는 마을 근처 지하철역이나 노인정에 계신지 찾아보기도 한다.

　물론, 길거리에 쓰러져 병원에 실려 간 일은 없었지만 간혹 갑자기 몸이 나빠져 길 가는 사람들의 도움으로 집에 오시거나 경찰아저씨들로부터 전화가 걸려와 엄마 아빠가 모시러 나가기도 한다. 여하튼 유진이 할아버지가 밖에서 늦게까지 계시는 날이면 유진이네 가족은 거의 비상사태나 다름없다. 그럴 때마다 할머니가 자주 하시는 말씀이 있다.

　"아니 이 양반은 한두 살 먹은 어린애도 아니면서 어딜 나가면 통 연락이 없어. 그렇게 귀가 닳도록 얘기를 했건만 매한가지야. 에구. 친구들 만나러 시내를 나갔다면 함흥차사나 도대체 이 일을 어쩌면 좋으냐?"

　그럴 때마다 유진이는 대체 '함흥차사(咸興差使)'가 무슨 말이길

래 할머니는 할아버지를 '함흥차사'라고 하시는 건지 알 수가 없
어 궁금해 했다. 그래서 하루는 할머니께 여쭤보았다. 유진이 할
머니는 워낙 박식한 분이셔서 무엇이든 물어만 보면 척척 답을
해주신다.

"조선시대 알지? 그러니까 조선 초였지. 조선을 건국한 왕 이
성계는 왕자의 난으로 두 아들 방번, 방석은 물론이고 정도전 같
은 심복을 잃게 되자 정치에 뜻이 없어져 정종에게 왕위를 양위
하고, 1401년 고향 함흥으로 갔어. 그러자 태종은 아버지의 노여
움을 풀고자 함흥으로 간 이성계를 모셔 오기 위해 사신을 보냈
대. 그런데 함흥으로 여러 번 차사(差使)를 보냈으나, 그때마다 이
성계는 사신들을 잡아가두고 돌려보내지 않았어. 그때 갔다가 소
식도 없이 돌아오지 않거나 회답이 없는 사람들을 두고 '함흥차
사'라고 불렀거든. 네 할아버지도 외출을 하시면 연락을 하지 않
고, 할머니 속을 썩이니 함흥차사나 다름없다는 뜻으로 말한 거
란다."

이렇게 해서 유진이는 결국 할아버지 덕에 '함흥차사'가 뭔지
알게 됐다. 심부름을 시켰는데 좀처럼 돌아오지 않는다거나 매사
에 행동이 느려서 다른 사람들을 기다리게 하는 사람, 외출을 하
면 가족들에게 전화를 잘 하지 않는 사람들이라면 아마도 '함흥
차사'라는 말을 자주 들을 것이다.

　여자 친구를 만나러 나갔다가 오후 3시까지 돌아와 수학공부를 도와주겠다던 삼촌은 데이트가 얼마나 즐거운지 5시가 넘어도 돌아오질 않았다. 시험이 이틀밖에 남지 않아 마음이 조급해진 철희는 화가 날 정도였다. 게다가 늦으면 늦겠다는 전화연락조차 없었으니 시간이 흐르면서 오히려 철희는 삼촌에게 무슨 일이 일어났는지 걱정이 될 정도였다.

　이런 상황을 잘 알고 있었던 엄마는 혼잣소리로 이렇게 말씀하셨다.

　"너희 삼촌은 잠깐 나갔다 온다더니 아예 '함흥차사(咸興差使)'가 됐구나."

홍일점
紅一點

붉을 홍 | 하나 일 | 점 점

영호가 주장으로 있는 우리 초등학교 축구팀은 지난 지역 대회에서 아깝게 준우승을 차지했다. 그런데 한 선수가 없었다면 아마 우리는 준우승의 성과를 거두지 못했을 지도 모른다. 그 선수가 누구냐 하면, 우리 학교 축구팀의 유일한 여학생, 민정이다.

'홍일점(紅一點)' 민정이는 주장 영호와 호흡을 맞춰 지난 대회에서 매 게임 득점을 합작하는 대단한 실력을 뽐냈다.

민정이는 우리 학교의 홍일점일 뿐만 아니라 우리 지역에서도 '홍일점'이었다. 예선에 나오지 않은 학교들은 모르겠지만, 예선에 나온 학교의 선수들은 모두 남자아이들이었다.

민정이는 '홍일점'답게 우리 축구팀 선수 가운데 가장 많은 팬을 확보하고 있다. 축구 경기가 열리면 우리 학교 남학생들은 거의 다 민정이 이름만 불러댈 정도다.

한 가지 안타까운 소식은 올해 6학년인 민정이가 중학교에 진학하는 내년부터는 축구를 할 수 없게 된다는 것이다. 우리 지역에는 축구팀을 보유한 여학교가 없어서 민정이는 내년부터 공부에만 전념할 생각이다.

우리 '홍일점' 민정이로 인해 올해 많은 것을 깨달을 수 있었다. 지금까지 남자는 여자보다 힘도 세고, 운동도 잘해야 한다고 알고 있었는데 민정이를 보니 꼭 그렇지만도 않은 것 같았다.

주장 영호가 오늘 운동장에서 민정이에게 악수를 청했다.

"너 때문에 올해는 운동하는 게 정말 재미있었다."

"나도 축구선수였던 때를 잊지 못할 거야."

영호와 민정이가 악수를 나누는데 우리 남자들끼리 악수할 때보다 더 진한 우정의 감동이 밀려왔다. 그런데 오늘 재미있는 일이 벌어졌다. 축구팀에서 내년에 뛸 신입선수를 모집했는데 4학년 여학생이 테스트를 받으러 왔다. 평소에 민정이가 경기를 하는 게 너무나 부러웠다고 한다. 그 여학생이 내년에는 민정이를 대신해서 홍일점으로 자리를 잡을 수 있을까…… 무척 기대가 된다.

일 때.

우리 집은 서울 도봉산 아래에서 산장을 한다. 철이 되면 남녀노소 할 것 없이 많은 등산객이 산장을 지나 산 정상으로 향한다. 그러나 도봉산 암벽을 등반하기 위해 산장을 숙소로 이용하는 등반객 가운데 여성을 찾는 것은 쉬운 일이 아니다.

그런데 회사에 다니는 삼촌이 등반을 오면 허스키한 목소리로 넘쳐나던 산장에 소프라노 톤의 고음이 이색적인 분위기를 자아낸다. 삼촌 등반대에 여성대원이 포함되어 있기 때문이다.

지난주에도 삼촌을 비롯한 남성 대원들과 '홍일점(紅一點)' 누나가 도봉산 산장을 찾았다. 이들이 산장에 도착하면 보통 다음의 순서가 정해져 있다. 홍일점 누나가 먼저 소리를 높여 "막걸리 주세요." 하고 외치는 것이다.

오늘도 많은 등반 대원들이 도봉산 암벽을 정복하기 위해 산장을 나선다. 그리고 막걸리를 주문하는 홍일점 누나의 씩씩함이 벌써 그리워진다. 온통 푸른 가운데 한 송이 꽃을 말하는 홍일점의 원래 뜻처럼 '홍일점'은 그만의 독특한 매력을 풍기는 것 같다.